# LES ENQUÊTES DE L'IMPOSSIBLE

LICIA TROISI

Traduction d'Isabelle Enderlein

# LES ENQUÊTES DE L'IMPOSSIBLE

## [ SECRETS DE SORCIÈRES ]

RAGEOT
ENQUÊTES D'EUROPE

L'édition originale de cet ouvrage a paru en 2019
en langue italienne chez Mondadori Libri (Milan, Italie)
sous le titre *I CASI IMPOSSIBILI DI Zoé E LU –*
*I SEGRETI DELLE STREGHE*
Cette traduction est publiée par les Éditions Rageot
avec l'accord de Mondadori Libri.

Maquette : Marion Biffaud

ISBN : 978-2-7002-8165-1
ISSN : 2825-5682
Loi n° 49-956 du 16 juillet 1949
sur les publications destinées à la jeunesse

*À Irène,*
*qui sera toujours ma meilleure « œuvre ».*

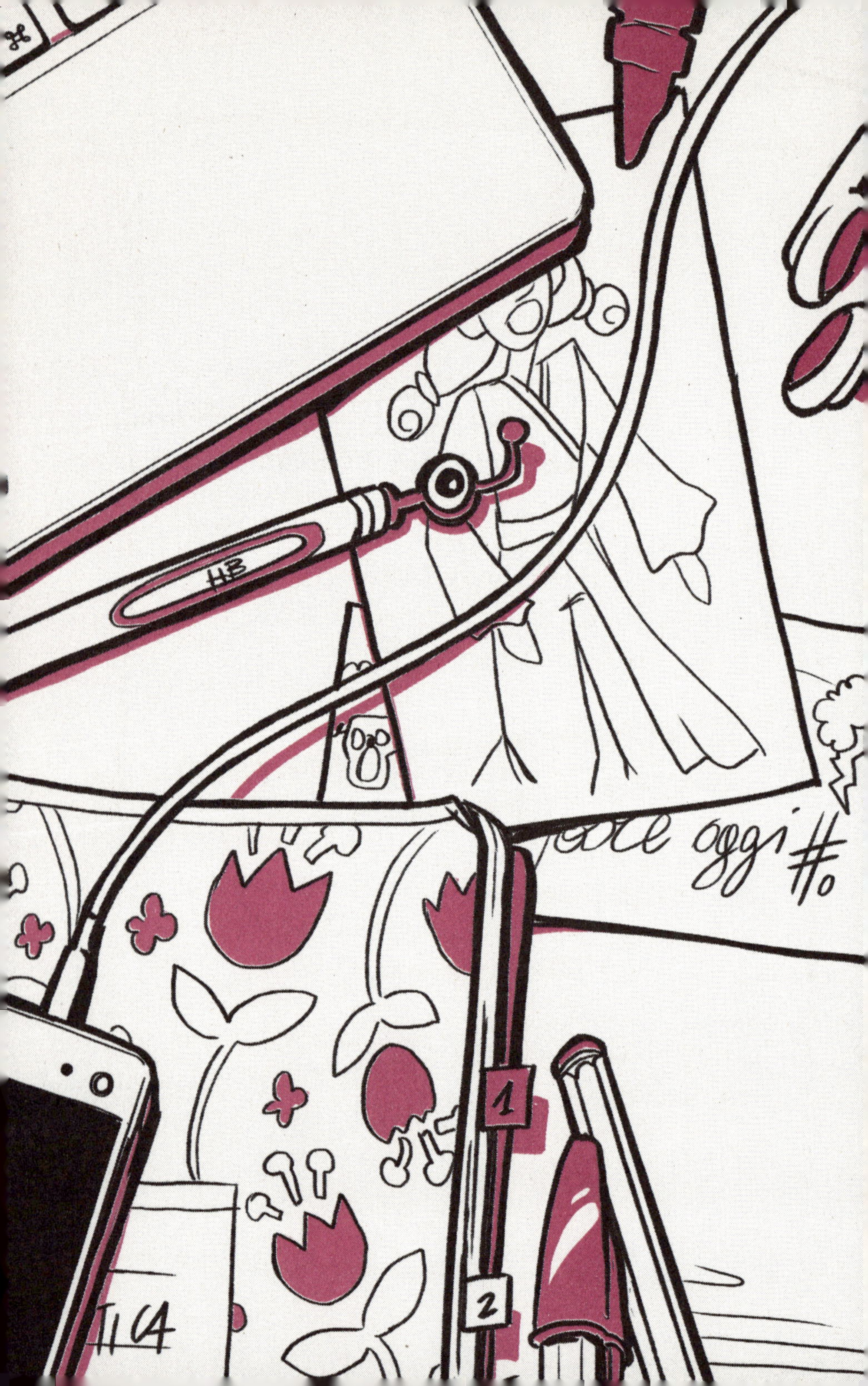
HB
oggi
1
2

# ZOÉ & LULU INVESTIGATIONS

Zoé et moi, on a ouvert notre agence après l'enquête connue sous le nom : « Une amie à sauver ». En vérité, l'agence existait déjà avant, mais elle ne s'appelait pas encore « Zoé & Lulu Investigations ».

Avant de se mettre d'accord sur ce nom, on a discuté pendant des heures. Zoé aurait voulu qu'il y ait le mot « fantôme » ou « paranormal », ou au moins « mystère » dedans, mais pour moi, il n'en était pas question, je ne crois pas à ce genre de choses.

Je disais donc que l'agence ne s'appelait pas « Zoé & Lulu Investigations » parce que le duo « Zoé et Lulu » n'existait pas encore à l'époque. Et Lulu, au fait, c'est moi.

Mais je m'égare, comme toujours. Je ne suis pas douée pour raconter.

Zoé souhaite qu'on archive nos enquêtes.

– Le monde est tellement petit que les choses s'y répètent toujours, Lulu, a-t-elle affirmé. Faut que je garde une trace des enquêtes passées.

« Je » ? Sur ce coup-là, elle m'a un peu énervée. Et moi, alors ? Mais bon, c'est Zoé tout craché. Et je l'aime comme elle est, unique en son genre.

D'ailleurs, si on lui enlevait les côtés moins sympas de son caractère, ce ne serait plus elle.

Et voilà que je m'embrouille encore...

Un pas après l'autre, LuLu ! Prends ton temps, ne te perds pas en cours de route ! Tu as eu huit sur dix à ta dernière rédaction, tu peux le faire !

Bref, Zoé m'a prié d'archiver nos enquêtes. Et à mon avis, c'est une bonne idée. De toutes les aventures qu'on a vécues jusqu'à présent, il y en a une en particulier qui ne pouvait pas manquer à l'appel, l'une des plus personnelles qu'on ait jamais menées. Pas tant pour moi – moi, j'ai une vie normale, l'agence mise à part –, mais pour mon amie. Cette fois-là, on a dû affronter nulle autre que sa plus terrible, sa plus mortelle ennemie, celle avec laquelle Zoé a toujours eu un compte à régler.

Voici donc l'affaire : « Secrets de sorcières » …

LuLu

SECRETS
DE
SORCIÈRES

1

# RETOUR EN PISTE !

Quand Andrea est entré dans nos vies, Zoé était dans sa phase « insupportable ».

Avec le temps, j'ai appris à les reconnaître. Ce sont des phases où on n'a pas d'affaire en cours. Pendant ces phases, Zoé passe par différentes étapes qui ressemblent à celles du deuil, vous voyez ? Il paraît que ça n'a pas de fondement scientifique, d'ailleurs, mais peu importe.

Au début, elle est nerveuse, elle exige qu'on fasse des milliards de choses en même temps : d'abord de la peinture, puis une promenade en forêt, puis des gâteaux… Le tout en l'espace d'une demi-heure.

Puis vient la colère. Tout y passe. Elle envoie balader le thé d'Hamilcar – le majordome qui a la tête d'une momie égyptienne (attention ! que les choses soient claires, Hamilcar est absolument adorable et je l'aime beaucoup ; c'est juste qu'il faut survivre aux trois minutes de terreur qu'on éprouve quand on le voit pour la première fois) –, sous prétexte qu'il est trop chaud ou trop froid. Elle s'en prend à Catherine, la femme un peu mystérieuse qui lui sert de tutrice (mais seulement quand Catherine n'est pas là, parce que, de ce que je comprends, ce n'est pas une personne avec qui il est recommandé de se disputer).

Puis vient la phase du découragement, où elle voit tout en noir. Elle se morfond des après-midis entiers et se plaint que tout est nul, que le monde est d'un ennui mortel parce qu'il n'y a jamais d'invasion de zombies.

Et puis, dernière phase : la Zoé insupportable, où elle reste vautrée sur le très précieux fauteuil en velours vert du salon dans des positions contorsionnistes et démolit absolument tout ce qu'on lui dit. On peut lui proposer n'importe quel cas, ils sont invariablement débiles, suants, inutiles.

Quand elle est dans cet état d'esprit, mieux vaut prendre ses distances, sinon, on fait vite partie des victimes collatérales. Au début, quand elle me traitait mal, je me vexais et me mettais en colère.

Heureusement, avec le temps, j'ai compris qu'il ne fallait pas le prendre personnellement. Elle est comme ça. Quand elle s'ennuie, elle devient agressive – mais, dans le fond, cette colère ne se dirige pas contre moi, mais contre le monde. C'est juste que je me trouve sur sa trajectoire.

Dans ces cas-là, je marche sur des œufs, la caresse dans le sens du poil.

Et puis, ça lui passe.

Toujours est-il que, ce jour-là, elle était affalée dans son fauteuil, un pied sur le coussin, ses longs cheveux violets éparpillés entre son visage et le tissu. Elle a déplacé sa sucette d'une joue à l'autre, lentement, comme pour souligner le dégoût qu'elle ressentait envers le monde.

– Notre client arrive... Tu pourrais peut-être te redresser pour le recevoir, non ? me suis-je risquée.

Je pense que je ne m'habituerai jamais au contact de ses vieilles Converse sur le fauteuil XIX$^{e}$. Chez moi, mon père me tuerait pour bien moins que ça.

Quand on a sonné à la porte, elle n'a pas bougé d'un pouce.

– Allez, Zoé ! j'ai insisté en rejoignant Hamilcar à la porte d'entrée.

(Lorsqu'un nouveau client arrive, je préfère ne pas laisser Hamilcar ouvrir seul – je crains trop que le nouveau venu ne s'enfuie en courant).

Quand Andrea est entré dans le salon, extrêmement nerveux, Zoé n'a même pas daigné le regarder. Ce garçon m'avait contactée quelques semaines plus tôt via mon adresse mail professionnelle, uniquement dédiée aux affaires de l'agence. En lisant son message, un frisson m'avait parcouru la colonne vertébrale. En général, c'est bon signe : ça veut dire qu'on a quelque chose d'intéressant en perspective.

Mais Zoé, elle, ne l'avait pas vu sous cet angle.

Avec un ennui évident, elle a désigné une chaise vide sur laquelle Andrea s'est timidement installé.

– Heu... Bonjour, a-t-il dit avec hésitation.

Zoé m'a jeté un regard entendu. Entre nous, plus besoin de parler. Cela signifiait : « C'est qui, ce cornichon ? »

J'ai rougi. C'est vrai qu'Andrea me ressemblait pas mal : timide, grassouillet, le genre de personne qui traîne une pancarte avec lui sur laquelle il y a écrit : « Je ne suis pas fait pour ce monde ».

Mais ce n'était pas la raison pour laquelle je lui avais proposé de venir !

Andrea

Il a gigoté sur sa chaise, mal à l'aise, balayant les alentours du regard. Il avait l'air de plus en plus confus et effrayé. Comme je suis du genre empathique, je l'ai encouragé à se lancer :

– Tu veux peut-être nous raconter ton histoire ?

Andrea a contemplé Zoé, qui suçait bruyamment sa sucette en fixant le plafond, toujours affalée dans son fauteuil.

– Je suis ici pour ma sœur, a-t-il enfin expliqué.

– C'est elle qui aurait dû venir, alors.

– Zoé ! j'ai protesté.

– Finalement, ce n'était pas une si bonne idée de venir ici, a dit Andrea, se redressant à moitié.

Je me suis levée brusquement et l'ai arrêté dans son mouvement.

– Non, non ! Zoé va maintenant s'asseoir et t'écouter.

Zoé s'est redressée à contrecœur, croisant les jambes et laissant ses cheveux recouvrir presque entièrement son visage.

– C'est bon, j'écoute, a-t-elle marmonné.

Andrea a pris son courage à deux mains.

– Je… J'ai une sœur jumelle. On ne se ressemble pas beaucoup, parce qu'on est hétérozygotes. Alors, forcément…

Zoé a roulé des yeux, mais je l'ai fusillée du regard.

– Va droit au but, ai-je simplement dit à notre client.

– Eh bien… ma sœur… Ce n'est plus elle.

– Ce qui signifie… ? a demandé Zoé, posant ses coudes sur ses genoux, mains en triangle.

– Je ne sais pas comment l'expliquer. C'est une impression… Ce n'est plus Laura. De l'extérieur, elle semble toujours la même personne, personne d'autre n'a rien remarqué. Sa meilleure amie, mon père, ma mère… ils ne voient pas le problème. Mais je sais que cette fille qui partage ma chambre, ce n'est plus ma sœur.

– Sois plus précis, lui a intimé Zoé, qui avait retiré ses pieds du fauteuil.

– L'autre jour, maman nous a fait du poulet rôti avec des pommes de terre. Laura adore ça. Eh ben, cette fois, elle ne s'est pas resservie.

Zoé lui a jeté un regard incrédule.

– C'est censé être une preuve ? Elle avait peut-être juste mal au ventre !

– Je sais que ça peut paraître idiot, mais depuis que je la connais, c'est-à-dire depuis toujours, c'est la première fois que ça arrive. Elle pourrait avoir une soucoupe volante dans l'estomac qu'elle ne laisserait pas passer une seconde portion de son plat préféré. Autre chose : elle a arrêté de suivre les gens qu'elle aimait sur YouTube. J'ai vérifié son historique : elle n'a visionné aucune vidéo récente de ses youtubeurs préférés.

– Tu contrôles son ordinateur ?! Tu travailles pour la CIA, ou quoi ?

Andrea s'est brusquement redressé, en proie à une grande agitation.

– C'est ma jumelle ! Depuis notre naissance, il y a treize ans, elle n'a jamais rien fait d'autre que me tourmenter du matin jusqu'au soir. Personne ne la connaît comme je la connais. Si je dis que ce n'est pas elle, ce n'est pas elle ! Je ne suis pas fou !

Zoé n'a pas bronché.

– Rassieds-toi, a-t-elle simplement dit.

– Vraiment... Je ne suis pas fou.

Il s'est cependant rassis.

– Je ne dis pas que tu es fou, a-t-elle ajouté, un peu radoucie.

Elle a glissé une mèche de cheveux derrière son oreille droite. Ah. Elle écartait toujours ses cheveux de son visage au moment où une affaire commençait à titiller sa curiosité.

– Ça a commencé quand ? Je veux dire, quand est-ce que ta sœur t'a semblé avoir changé ?

– Il y a trois semaines, un matin. Normalement, quand le réveil sonne, elle me retire ma couverture en criant : « Debout, esclave ! » Et, ce matin-là, elle m'a simplement regardé et demandé si j'avais bien dormi. On aurait dit un robot.

– Et avant ça ? Il ne s'était rien produit de particulier ?

Andrea a secoué la tête avec force.

– Non. Tout était comme d'habitude.

Zoé a gardé le silence un long moment. À la voir, n'importe qui aurait cru qu'elle cherchait la meilleure façon de virer ce cinglé hors de son salon. Tout le monde sauf moi.

– Bon. Andrea, c'est bien ça ?

Il a hoché la tête, et Zoé a placé une autre mèche de cheveux derrière son oreille gauche, découvrant entièrement son visage.

– Plusieurs raisons peuvent expliquer qu'une personne change soudainement. Toutes n'ont pas nécessairement de rapport avec le paranormal. Alors je te propose la chose suivante : tu vas nous présenter cette Laura, et seulement alors je déciderai si on prend l'affaire en main.

– Oh, merci ! Merci beaucoup ! s'est exclamé Andrea. Laura est une vraie peste, mais c'est ma sœur. Et même si je n'aurais jamais pensé dire ça un jour, je préfère de loin la peste qu'elle a toujours été à la parfaite automate qu'elle est devenue.

Il a voulu serrer la main de Zoé, mais elle l'a retirée.

– Je n'ai pas encore dit oui.

– Non, mais tu ne m'as pas traité de fou comme les autres.

– On verra ça, a grommelé Zoé en le congédiant. On va se manifester au plus vite.

Andrea a marmonné un autre merci et il s'est éclipsé.

J'ai contemplé mon amie, un grand sourire aux lèvres, sans cacher ma satisfaction.

– Quoi ? a-t-elle commenté. Ne te réjouis pas trop vite. Si ça se trouve, on va s'apercevoir qu'il a tout imaginé.

Mais je n'ai pas pu m'empêcher de glousser.

J'avais eu raison : c'était un cas intéressant.

C'était reparti pour un tour !

## 2

# LAURA ? OU PAS LAURA ?

On a rencontré la fameuse Laura par un froid matin de février.

Les jumeaux fréquentaient le même collège que moi. Avec Zoé, nous les attendions à la sortie sous prétexte de remettre à Andrea un programme informatique dont il avait besoin pour ses cours.

– Tu ne pourras pas beaucoup lui parler, avait objecté Andrea.

– Pas besoin, l'avait rassuré Zoé.

Il a été le premier à sortir. Tandis qu'il guettait sa sœur, Zoé le scrutait, les yeux dissimulés entre son écharpe et son chapeau, tous deux strictement noirs.

– J'ai peur que ça ne marche pas.

– Moi, j'ai un bon pressentiment, ai-je observé, dansant d'un pied sur l'autre.

C'était une citation tronquée du célèbre «*I have a bad feeling about this* ». Moi, j'adore les films Star Wars, y compris les plus récents. Mais Zoé n'y connaissant rien, elle n'a pas relevé.

Au bout d'une dizaine de minutes, Andrea est allé à la rencontre d'une fille. Elle était son exact opposé. Autant lui était maladroit et mal habillé, autant elle semblait la reine du bal de fin d'année dans une série américaine.

Elle était tout simplement *parfaite*.

Ses cheveux blonds légèrement ondulés, comme ceux de son frère mais longs et bien entretenus, descendaient d'un magnifique bonnet de laine blanche piqué de perles. Elle portait une minijupe en velours, de longues bottes en cuir qui lui arrivaient aux genoux, et une doudoune d'un blanc immaculé qui, même pour une nullos de la mode comme moi, semblait coûter très cher. Bref : elle sortait tout droit d'un défilé de mode.

Et ça, d'entrée de jeu, ça m'a tuée.

Les gens comme elle, sûrs d'eux, nonchalants et populaires, me font froid dans le dos – à moi, la pauvre fille en surpoids et horriblement mal habillée, incapable d'aligner deux mots en public, et accro à des BD que tous mes camarades trouvent gênantes.

Au secours !

Laura

– Ça va aller, a dit Zoé, en me tapotant l'épaule. Je m'en occupe.

Sa voix a réussi à me calmer un peu.

Les jumeaux sont venus vers nous.

– Salut, a lancé Andrea, aussi détendu qu'un mannequin de cire. Je vous présente ma sœur Laura.

La fille a esquissé un sourire poli.

Zoé a vigoureusement serré la main de Laura, la tenant un long moment dans la sienne.

– Je suis ravie de te rencontrer, Andrea nous a beaucoup parlé de toi.

Un éclair de perplexité a traversé le regard de Laura.

– Ah bon ?

Elle a jeté un regard confus à son frère.

– Bien sûr ! Tu es la célèbre sœur bien-aimée d'Andrea !

Zoé a fini par lâcher la main de Laura et a glissé la sienne, moite, dans sa poche.

– Tu avais quelque chose pour Andrea, Lu ?

– Oui...

J'ai sorti une clé USB et l'ai tendue à Andrea, qui nous contemplait d'un air hébété.

– Voilà le programme. Si tu n'arrives pas à l'installer, dis-le-moi.

– Bon, on y va, LuLu ? a dit Zoé en haussant les épaules.

– On y va, ai-je confirmé avec un sourire.

– Je t'appelle, a lancé Zoé à Andrea en me prenant par le bras.

Puis, s'adressant à sa sœur :

– À bientôt, Laura ! Ça m'a fait plaisir de te rencontrer.

Et Zoé m'a entraînée un peu plus loin.

On est allées au coin de la rue chez l'Égyptien qui vend des kebabs pour y tenir notre « conseil de guerre », comme je l'appelle.

Je vis avec mon père, qui est architecte et ne rentre généralement pas avant six heures. Quant à la mystérieuse tutrice de Zoé, elle n'est presque jamais là non plus. Au moment du déjeuner, Zoé et moi sommes donc souvent libres et on mange ensemble dès qu'on peut.

– Alors ? T'en penses quoi ? je lui ai demandé en engloutissant la feuille de salade recouverte de yaourt qui s'était échappée du sandwich.

Moi aussi, je commençais à craindre que ça n'ait pas marché, car Laura m'avait semblé parfaitement normale.

– « Il y a quelque chose de pourri au royaume du Danemark », a répondu Zoé en mâchant un falafel.

Zoé est une quiche quand il s'agit de Star Wars, mais sur Shakespeare, elle est incollable.

– Ce qui veut dire ?

– Qu'il y a quelque chose qui cloche avec cette Laura.

OK, peut-être que je vous dois une explication ici. Zoé prétend détenir un pouvoir appelé

« psychométrie ». En gros, elle est capable de reconstruire le passé des objets et des personnes rien qu'en les touchant.

Bon, soyons claires : je n'y crois pas du tout. Je ne crois qu'à ce qui peut être prouvé. Je veux devenir scientifique, et je me suis juré que, tôt ou tard, je trouverai l'explication rationnelle à ce phénomène. Car il y en a forcément une.

Quoi qu'il en soit, il faut avouer que ça marche.

J'ai souvent vu Zoé à l'œuvre – la dernière fois, quelques minutes auparavant, quand elle avait tenu la main de Laura dans la sienne.

– Tu es sûre ? Elle me semblait parfaitement normale, moi…

– Bizarre. Parce que, même sans la psychométrie, il y a une chose que tu aurais dû remarquer, toi aussi.

– Quoi ? j'ai demandé avec curiosité.

– Andrea nous a dit que Laura avait toujours été odieuse avec lui. Pourtant, elle n'a pas sourcillé quand je lui ai dit qu'elle était la sœur adorée d'Andrea.

– Elle semblait un peu surprise, tout de même !

– Parce qu'elle ne comprenait pas quand et comment Andrea avait pu nous parler d'elle. En réalité, elle s'est étonnée qu'on sache qui elle était, et non pas à quoi ressemblait leur relation.

Je me suis sentie bête. Zoé remarquait chaque détail. C'était elle, le cerveau de notre agence. Moi, je n'étais décidément que son assistante.

J'ai à nouveau mordu dans mon sandwich.

– Tu penses qu'il lui est arrivé quoi, alors ?

Zoé a secoué la tête.

– Ça, je ne sais pas. Le truc…

Elle m'a jeté un regard perplexe avant de finir sa phrase :

– Quand je lui ai serré la main, je n'ai rien senti, justement. C'est comme si… comme si elle n'avait pas de passé.

– Hein ?!

– Oui. Ça ne m'est encore jamais arrivé. Il y a plein d'explications possibles, mais c'est trop tôt pour émettre une théorie. Il se pourrait même que ce ne soit pas paranormal : peut-être a-t-elle subi un traumatisme qui l'a rendue apathique. Ou alors, elle est vraiment sous l'effet d'un sort.

Je penchais bien sûr pour la première hypothèse.

– Et donc, qu'est-ce qu'on fait ? ai-je demandé, attentive au petit pincement d'excitation dans ma poitrine.

– On fonce.

Zoé a souri, puis elle a ajouté :

– À notre manière, bien sûr.

3

# PEUR

– On devrait faire une vraie soirée pyjama, un jour.

Hamilcar nous conduisait chez Andrea, et je contemplais la forêt des Castelli Romani qui défilait à la fenêtre. Je passais la nuit chez Zoé, prétextant à mon père, comme toujours, une soirée pyjama. Mon père était tellement content que sa pauvre fille ait enfin une amie qu'il gobait la chose sans sourciller.

Zoé a retiré la sucette de sa bouche et s'est tournée vers moi, un sourire moqueur au coin des lèvres.

– N'est-ce pas beaucoup plus excitant de se promener et d'enquêter ?

Je ne pouvais pas lui donner tort. Ma vie s'était améliorée à cent vingt pour cent depuis que je la connaissais.

Andrea vivait dans une petite ville voisine de la nôtre. Je portais ma tenue habituelle de Joanna Dark, c'est-à-dire que j'étais affublée de leggings et d'un pull noir moulant, une tenue que je détestais mais qui était devenue une tradition de nos incursions nocturnes.

On a atteint la banlieue de Rome et on s'est garés devant un bâtiment anonyme. Quand on est descendus de voiture, Hamilcar m'a prise à part.

– Faites bien attention, m'a-t-il recommandé, comme chaque fois.

Car ça aussi, c'est désormais une tradition.

Je lui ai fait un clin d'œil.

– Tout est sous contrôle, l'ai-je rassuré.

Pendant ce temps, Zoé avait déjà pénétré l'immeuble, gravi deux étages et forcé la porte de sécurité de l'appartement.

Bref, tout était parfaitement sous contrôle.

D'après la sonnette, on se trouvait chez les « Lisandri ». On est entrées à pas de loup. Enfin, Zoé est entrée à pas de loup ; moi, je me suis déplacée avec ma grâce d'éléphant habituelle.

On n'a pas fait deux pas qu'une torche a clignoté dans l'obscurité, me causant une peur bleue. Un visage aussi pâle que la mort a émergé dans le noir.

C'était Andrea.

– Bonsoir, a dit Zoé très doucement.

J'ai dû reprendre mon souffle.

– Il faut vraiment que tu t'éclaires la tête comme dans les films d'horreur ? ai-je protesté.

Andrea a rougi et marmonné une excuse.

Il portait des pantoufles en forme de lapin ; un autre lapin était cousu sur son haut de pyjama. Instinctivement, j'ai ressenti un élan d'affection à son égard. Peut-être que c'était mon frère jumeau, et non pas celui de Laura ? Peut-être que c'était Laura, la vraie fille de mon père ? Une personne fantastique comme lui mérite une fille parfaite, pas une catastrophe ambulante comme moi.

Désolée, parfois je me perds un peu dans mes divagations.

– Tu as bien donné la potion à tes parents et à ta sœur ? a demandé Zoé.

C'était l'une de ces infusions d'herbes dont Hamilcar avait le secret qui agissait comme un puissant soporifique naturel. Zoé en avait toute une collection chez elle.

Andrea a hoché la tête.

– Parfait. Alors ne bouge pas et laisse-nous travailler.

Zoé a procédé comme elle le fait toujours : en touchant tout. Andrea la contemplait avec un étonnement évident.

– C'est bon, elle est juste en train d'enquêter, j'ai expliqué.

Mais Andrea n'avait pas l'air convaincu.

– Tu me montres votre chambre ? j'ai suggéré.

Il m'y a conduite et on est entrés à l'intérieur sur la pointe des pieds pour ne pas réveiller Laura. Même quand elle dormait, elle était parfaite : posée, belle, respirant lentement et avec élégance. J'ai pensé à l'image que j'offre au réveil : je me retrouve bouche ouverte, un pied hors des draps et la couette en boule à côté de moi. Bref.

Je me suis dirigée vers l'ordinateur. Je suis super calée en informatique, c'est un peu le rôle que je me suis attribuée dans notre agence. Vous n'avez aucune idée de la quantité de choses qu'on apprend sur les gens en fouillant dans leur ordinateur. C'est la chose la plus intime qu'on possède. J'ai commencé à parcourir les dossiers : musique, cours, photos... J'ai examiné ces dernières d'un peu plus près. À en juger par le nombre de selfies, Laura avait l'air de bien s'aimer. Il y avait pas mal de photos d'enfance : Laura bébé, Laura petite fille...

Tout à coup, je suis restée figée.

– Vous avez un album de photos de famille ? ai-je demandé à Andrea, posté derrière moi.

Il a hoché la tête.

– Un album pour chaque année.

– Tu peux me les montrer ?

On est retournés dans le salon. Il m'a tendu l'album le plus ancien. J'ai commencé à le feuilleter quand Zoé m'a rejointe.

– Cette maison ne me communique rien, a-t-elle dit. Pas de déjeuner du dimanche, pas de soirées devant la télévision, pas de disputes entre parents et enfants... C'est étrange, très étrange.

– Peut-être que tes pouvoirs...

– Commence pas avec ça. Mes pouvoirs fonctionnent très bien.

Elle m'a pris la main.

– N'importe quoi ! Ton père détesterait quelqu'un comme Laura. C'est toi, la fille parfaite pour lui.

J'ai rougi jusqu'à la racine de mes cheveux et je me suis hâtée de changer de sujet.

– Je crois avoir trouvé quelque chose. Regarde : ce sont les photos de famille.

Après avoir feuilleté quelques pages, Zoé a compris où je voulais en venir.

Elle s'est tournée vers Andrea.

– Vous avez été adoptés, ta sœur et toi ?

Il est devenu blanc instantanément.

– Non ! Pas que je sache.

Il était déconcerté.

– Pourquoi il n'y a aucune photo de vous et de ta sœur avant l'âge d'un an ?

Andrea a regardé l'album.

– Laura était malade, bébé.

– Mais toi ?

– Je… sans doute que mes parents étaient trop inquiets pour penser à me photographier, a-t-il murmuré. Mais Laura et moi, on ressemble beaucoup à papa.

J'allais le réconforter quand on a entendu un bruit venant de la chambre d'Andrea et Laura.

Zoé et moi, on s'en est approchées tout doucement. Au moment de franchir la porte, un souffle glacé nous a fouetté le visage. Laura était debout, dos à nous devant la fenêtre grande ouverte, les mains posées sur le rebord. Face à elle, une silhouette à contre-jour. La seule chose que j'en ai vue, c'étaient ses yeux, ou plutôt l'éclat brillant et malin qui les habitait. On aurait dit un fantôme noir percé de deux trous d'où émanait une lumière maléfique.

On s'est tapies par terre, mais, soit que j'aie fait trop de bruit, soit que la mystérieuse figure à la fenêtre ait une ouïe hors du commun, ses yeux se sont tournés vers nous. Ça n'a duré qu'une fraction de seconde, mais son regard croisant le mien m'a transpercée de bout en bout, et un très long frisson d'effroi m'a parcouru l'échine.

Plus courageuse, Zoé s'est précipitée vers la fenêtre.

Mais…

Pouf.

La silhouette a disparu comme par enchantement.

Zoé s'est immobilisée à la fenêtre. À cet instant, Laura s'est affalée sur le sol. Andrea et moi nous

sommes rués sur elle, fous d'inquiétude. Andrea l'a retournée sur le dos : elle semblait dormir paisiblement, comme si rien n'était. Andrea était sur le point de la réveiller quand Zoé l'a arrêté dans son mouvement.

– Remets-la dans son lit.

– Qu'est-ce que c'était que ce machin ? me suis-je écriée, la gorge nouée.

J'étais sous le choc. Je n'imaginais certes rien de surnaturel. Mais même si ce n'était qu'un simple voleur, quelque chose dans cette ombre m'avait épouvantée.

– Je ne sais pas, m'a répondu Zoé, marmonnant entre ses dents.

Elle était tendue comme jamais. Elle avait une idée qu'elle ne voulait pas partager, j'en étais sûre.

On a finalement pris congé d'Andrea. Dans la rue, Zoé marchait devant moi, nerveuse, la tête enfoncée dans les épaules. Je brûlais de lui demander ce qui n'allait pas, mais je sentais que ce n'était pas une bonne idée.

La peur qui m'avait étreinte dans la chambre d'Andrea et Laura ne voulait plus me lâcher.

## 4

# LA FAMILLE IZZO

Cette nuit-là et la suivante, je n'ai pas réussi à dormir. Le surlendemain, je suis allée en cours en mode zombie. Zoé, en revanche, était fraîche comme une marguerite.

Comme elle ne fréquentait pas le même collège que moi et qu'elle sortait la première, c'est elle qui est venue me récupérer à la fin de mes cours.

– On a du pain sur la planche, aujourd'hui.

Un bâillement m'est resté coincé en travers de la gorge.

– Mais j'ai des tas de devoirs !

– Tu les feras ce soir.

Zoé me précédait d'un pas rapide. Je me suis traînée à sa suite avec difficulté.

– Tu peux au moins me dire ce qu'on va faire ?

– Tu verras bien.

La voiture d'Hamilcar nous attendait. Jusque-là, rien de nouveau sous le soleil. En revanche, j'ai eu la surprise de trouver Andrea à l'intérieur. Je me suis assise à côté de lui, tandis que Zoé a pris place de l'autre côté.

Et on a démarré.

La deuxième surprise m'attendait devant la maison de Zoé, une villa victorienne paumée au milieu des bois. Car près du portail en fer forgé qui sortait tout droit d'un film d'horreur, il y avait Luke.

Luke, de son vrai nom Luca, faisait partie du petit groupe d'amis avec lesquels je jouais à Fortnite avant de rencontrer Zoé. Il nous avait aidées lors de notre première affaire, et depuis, on fait régulièrement appel à lui. Zoé ne s'entend pas très bien avec lui. Elle a un côté « ours mal léché » et ne supporte pas de s'entourer de gens. Mais Luke a deux qualités essentielles. Primo, il est plus âgé et possède une mobylette avec laquelle il se déplace beaucoup plus facilement que nous. Deuzio, c'est un as de l'informatique. Je suis pourtant loin d'être nulle, mais quand ça devient trop complexe, je me tourne vers lui.

En tout cas, si Zoé avait pris sur elle de le contacter, c'est que l'heure était grave.

Luke

On a déjeuné à quatre autour de la grande table de la cuisine. Hamilcar nous avait préparé à manger. Je ne vous l'ai peut-être pas encore dit, mais le majordome de Zoé est un cuisinier hors-pair. J'ai toujours considéré que mon père assurait en cuisine, mais à côté d'Hamilcar, c'est de la graine de gnognote.

Ce jour-là, il avait fait des pâtes divines. Heureusement, elles nous ont bien occupés, parce que, sinon, ça aurait été une tragédie. Qu'est-ce qu'on était mal à l'aise ! Face au visage de momie d'Hamilcar, Andrea oscillait entre terreur et perplexité. Le majordome avait beau déployer toute sa gentillesse naturelle, rien n'y faisait. Quant au pauvre Luke, chaque fois qu'il s'adressait à Zoé, cette dernière se renfermait comme une huître dans un silence obstiné.

Du coup, la conversation reposait sur mes épaules. L'horreur ! Déjà que je n'arrive pas à avoir un semblant d'interaction sociale avec moi-même. Enfin, la panna cotta au Nutella® a réchauffé l'atmosphère.

Quand on a terminé, Zoé a repoussé sa chaise.

– Bon, a-t-elle annoncé d'un ton sec. On a quelques heures devant nous. Suivez-moi.

Elle nous a entraînés dans une petite pièce que je ne connaissais pas encore, aux murs tapissés de brocart et meublée d'un bureau en ébène, d'un fauteuil en cuir et d'une lampe à tige verte. J'ai à peine eu le temps de jeter un œil que Zoé a fermé les volets et tiré les rideaux. Elle a brièvement rallumé la lampe pour permettre à Andrea de s'asseoir sur le tapis persan, à même le sol.

– Maintenant, j'éteins. Vous deux, vous quittez la pièce.

Elle nous a désignés, Luke et moi.

– On va faire quoi ? s'est alarmé Andrea, son regard faisant la navette entre Zoé et moi.

– Tu dois me donner la main, c'est tout. J'ai besoin d'appliquer la psychométrie sur toi, dans le noir, sans être dérangée. Votre maison est une boîte vide, ta sœur idem. Tu es mon ultime espoir de découvrir quelque chose.

– Hein ?

Andrea semblait de plus en plus confus.

Je me suis approchée de lui.

– En te touchant, Zoé découvre des choses sur ton passé. Ne t'inquiète pas, tout va bien se passer.

– Exactement, a confirmé Zoé. Et maintenant : dehors !

Et elle a éteint la lumière.

Luke et moi avons quitté la pièce. Il s'est adossé contre le cadre de la porte et je me suis placée face à lui.

Je n'ai jamais été très à l'aise avec Luke. Avant, quand j'interagissais avec lui en ligne, j'imaginais un geek un peu neuneu comme moi. Alors qu'en réalité, il est très sympa et plein d'assurance – loin de l'image que je m'étais faite.

– Tu y crois, toi, à la psychométrie ? m'a-t-il demandé.

– Pas vraiment. Je l'ai souvent vue faire, et je dois avouer que ça marche. Mais d'un point de vue scientifique...

– Moi, je trouve ça génial. Tu imagines utiliser ça avec les filles ? Trop pratique !

J'ai instantanément viré au rouge. Luke me touchant et apprenant ce que je ressentais ? Le cauchemar.

La porte s'est rouverte, me faisant sursauter.

– Venez, a dit Zoé. Je vais tout vous expliquer.

On s'est assis en cercle sur le tapis. J'ai adressé un sourire à Andrea qui semblait toujours aussi angoissé. Comme je le comprenais...

– Donc, a commencé Zoé, jambes croisées et coudes reposant sur ses genoux, comme je vous l'ai déjà dit, il y a dans la maison d'Andrea une force qui obstrue mes pouvoirs. Cela me conduit à penser que quelque chose de très étrange est arrivé à Laura. Et que cette chose a bel et bien à voir avec le paranormal.

Andrea a dégluti.

– Pareil pour ce qui s'est passé cette nuit, bien sûr.

– Attends, l'a interrompue Luke, il s'est passé quoi cette nuit ?

Zoé lui a résumé les événements de la veille.

– Mais pourquoi je ne suis jamais là dans les moments marrants ? s'est-il plaint.

Zoé a poursuivi en l'ignorant :

– Andrea aussi s'est révélé totalement transparent pendant mon test psychométrique.

Le garçon s'est raidi instantanément.

– Tu veux dire que moi aussi…

– Non, l'a interrompu Zoé. Du moins, je ne crois pas. Mais il vous est arrivé quelque chose, à toi et à ta famille, qui est directement lié à Laura.

Elle a consulté Luke du regard.

– Tu as enquêté sur la famille d'Andrea comme je t'ai demandé ?

– Quoi ? s'est offusqué Andrea. Tout le monde se mêle de notre vie, maintenant ?

– Tu veux savoir la vérité sur ta sœur ou pas ? s'est agacée Zoé.

À nouveau, j'ai essayé de le rassurer.

– Luke fait partie de notre agence. Tu peux lui faire confiance. Tu n'as pas vraiment le choix, remarque. Tu nous as mandatés, pas vrai ?

Je commençais à me dire que mon rôle au sein de l'agence, davantage qu'assistante, c'était psy pour clients traumatisés.

Une psy non dénuée de talent, car Andrea s'est aussitôt calmé.

– Cela dit, je ne savais pas non plus qu'il y avait une enquête, ai-je ajouté, un peu offensée. Que j'aurais très bien pu mener moi-même, d'ailleurs.

En général, j'étais chargée de tout ce qui relevait de l'informatique. Zoé a semblé gênée, mais Luke est intervenu, un sourire amusé aux lèvres.

– Quand vous en aurez terminé avec le psychodrame, je pourrai vous dire ce que j'ai découvert.

Zoé lui a fait signe de poursuivre.

– D'après mes recherches en ligne, il n'y a aucune trace d'une quelconque famille Lisandri avant douze ans. J'ai piraté un système utilisé par les avocats pour obtenir des documents officiels, j'ai cherché dans les archives de toutes les municipalités italiennes… Rien. Aucun acte de mariage, aucun acte de naissance d'Andrea et Laura. Je n'ai pas non plus trouvé d'hôpital à Rome où leur mère aurait été admise.

Andrea est devenu blafard.

– Que… qu'est-ce que tu veux dire ?

– Ton nom n'est pas Lisandri, a dit Zoé, mais Izzo.

Là, je craignais sérieusement qu'Andrea s'évanouisse.

– Du calme, a dit Zoé, sentant qu'elle l'avait effrayé à mort. Je l'ai su en te touchant. C'est la seule chose de ton passé que j'aie pu voir, ainsi que des images confuses de tes parents. Ce sont bien les mêmes que sur les photos, d'ailleurs.

Puis elle a regardé Luke.

– J'ai besoin que tu fasses le même travail avec les Izzo. Eux ont forcément laissé des traces.

– Mais qu'est-ce que ça signifie ? ai-je demandé, perplexe.

– Qu'à un moment donné, les Izzo ont changé de nom de famille, a dit Luke. Sans doute ont-ils fait quelque chose de criminel ?

– Pas forcément, a réfuté Zoé. On peut changer de nom pour des tas de raisons. Ce qui est sûr, c'est qu'il y a douze ans, quelque chose s'est passé qui a forcé la famille Izzo à devenir Lisandri et à s'installer dans les faubourgs de Rome.

– Mais pourquoi ? ai-je insisté.

– C'est ce qu'on doit découvrir. Et pour ça, toi et moi, on va rendre une petite visite à une amie à moi, a dit Zoé mystérieusement.

# 5

# SORCIÈRES

J'ai émis un bâillement retentissant.

– C'est quoi, ton problème ? s'est écriée Zoé.

– Je n'ai pas dormi.

– On est rentrées tôt, pourtant.

C'était tôt, pour elle, une heure du matin ?

– Je n'ai pas réussi à m'endormir. L'intrus dans la maison d'Andrea m'a fait une peur atroce. Il avait un de ces regards…

– Je sais, a-t-elle murmuré, en me jetant un regard de biais.

Il y avait quelque chose de tranchant dans sa voix.

– Toi, tu sais qui c'était.

– Je soupçonne quelqu'un, plutôt.

J'ai attendu qu'elle poursuive, mais elle n'a rien ajouté.

– Tu ne veux vraiment pas me le dire ?

– Pas la peine de t'effrayer tant que je ne suis pas sûre. D'ailleurs, voilà mon amie.

Et je n'ai pas pu poser d'autres questions.

On était dans un café. Hamilcar nous y avait accompagnées et il nous attendait dehors dans sa voiture. Il n'avait pas eu l'air ravi de nous emmener là.

– Madame Catherine n'approuverait pas, avait-il dit en regardant Zoé dans son rétroviseur.

C'était la première fois que je le voyais aussi contrarié.

– Bah... Elle n'approuve rien, de toute façon, avait commenté Zoé.

Elle avait raison. Je voyais sa tutrice devant moi, avec son chignon bien serré et son regard glacial, souvent protégé par une paire de lunettes noires.

– Vous ne devriez pas parler comme ça de Madame Catherine, avait objecté Hamilcar.

Malgré ses protestations, on était entrées et on avait pris place à une petite table près de la fenêtre. De là, on avait une vue splendide sur Rome : suffisamment proche pour embrasser la ville et apercevoir la silhouette de la basilique Saint-Pierre, mais suffisamment loin pour ne pas se sentir prisonnier de son chaos.

Entre-temps, la mystérieuse personne que Zoé avait contactée s'avançait vers nous. Elle ressemblait beaucoup à Catherine. Même allure fière, même look de femme d'affaires, même lunettes de soleil noires alors que la journée était grise et nuageuse et qu'on se trouvait à l'intérieur. Elle n'avait cependant pas les cheveux blonds comme la tutrice de Zoé, mais roux, d'un roux flamboyant – on aurait dit une crinière de feu. Et elle ne portait pas les mêmes vêtements noirs que Catherine, mais un costume pantalon d'un vert émeraude.

L'inconnue s'est installée à notre table et nous a souri de ses lèvres rouge vif.

– Tu as prévenu Catherine que tu étais là ? a-t-elle demandé sans même nous saluer.

– Elle n'a pas besoin de le savoir, a rétorqué Zoé.

– Oh, je pense qu'elle sera au courant, de toute façon, a commenté l'inconnue avec un sourire malicieux. Et toi, qui es-tu, ma chérie ?

Elle avait prononcé ce « ma chérie » avec un ton doucereux et un peu faux qui m'a fait frissonner. C'était comme si je ne pouvais pas m'empêcher de lui répondre.

– Lu... Lucia.

– C'est mon amie, est intervenue Zoé. Et n'utilise pas tes trucs avec elle.

La femme a ri de bon cœur.

– C'est plus fort que moi, tu le sais bien. J'ai passé tellement de temps à me cacher que, parfois, la tentation de me montrer telle que je suis finit par l'emporter.

Elle a alors levé la main pour attirer l'attention du serveur.

– La Congrégation ne serait pas ravie, a dit Zoé.

– Hum… C'est quoi, la Congrégation ? ai-je tenté de m'interposer.

Avec Zoé, c'était souvent comme ça : elle vivait dans un monde mystérieux que je découvrais par bribes mais dont elle me tenait à l'écart.

La rousse a de nouveau ri et commandé un verre de vin rouge au nom imprononçable mais que je connaissais pour l'avoir vu à la maison.

– Commençons par les présentations, ma chérie. Je m'appelle Wanda, Wanda Maselli, et je suis avocate. Et une amie de Catherine. Est-ce que c'est une bonne définition ?

Elle s'est tournée vers Zoé qui a soutenu son regard avec un sourire effronté.

– Lu, elle s'appelle Wigilinda, et c'est une sorcière blanche.

– Hein? ai-je fait.

Je me suis figée sur mon siège quand Wanda, ou Wigilinda, s'est penchée en avant d'une manière menaçante, pointant vers Zoé un index armé d'un ongle rouge flamboyant.

– Maintenant, c'est toi qui contreviens aux règles, a-t-elle sifflé entre ses dents serrées.

Le ton mélodieux qu'elle avait adopté jusqu'ici avait complètement disparu.

– Calme-toi, a dit Zoé sans cesser de sourire. De toute façon, Lu ne croit pas à ce genre de choses. Hein, Lu?

– Non, en effet, mais c'est un peu plus compliqué que...

– Et puis c'est mon assistante, m'a coupée Zoé. Donc tu peux parler librement devant elle.

Wanda m'a lancé un regard noir.

– C'est contre les règles, a-t-elle répété.

– Quelles règles? a demandé Zoé, s'adossant à la chaise et buvant une longue gorgée du chocolat chaud qu'elle avait commandé.

J'avais pour ma part préféré un thé dont j'espérais qu'il me réveillerait un peu. Wanda a soulevé le verre de vin qui lui avait été apporté.

– Tu joues avec le feu, ma chérie, a-t-elle commenté.

Mais, au fond, on voyait bien qu'elle semblait admirative de la confiance en soi que manifestait Zoé. Laquelle a calmement reposé sa tasse pour se pencher en avant.

– Bon, finies les civilités. On est sur un coup.

Wanda a bu.

– Je t'écoute.

Zoé a parlé d'Andrea et de Laura, résumant ce qu'on avait appris. Le sourire a lentement disparu du visage de Wanda – on aurait dit un manteau noir qui descendait sur nous, comme quand on avait vu la silhouette noire à la fenêtre. La même peur que la nuit précédente m'a gelé les mains.

– Tu penses que le... Sabbat a quelque chose à voir là-dedans ? a-t-elle demandé à voix basse en regardant furtivement autour d'elle.

Le Sabbat ?

J'avais l'impression de me retrouver plongée dans un film de Harry Potter, face à une sorcière réticente à prononcer le nom de Voldemort. À la différence près que tout était parfaitement réel et terrifiant. Pourtant, la première fois que j'ai vu *Harry Potter à l'école des sorciers*, papa a dû faire dix mille pauses avant la fin parce que je hurlais de peur.

Mais je m'égare, comme toujours.

– Je ne sais pas, a reconnu Zoé avec gravité. Mais je ne pense pas. S'en prendre aux humains est un crime grave, tu le sais.

– Vous voulez bien m'expliquer de quoi vous parlez ? me suis-je exclamée, de plus en plus déconcertée.

Wanda a pris une nouvelle gorgée de vin.

– Tu as entendu comment ton amie m'a qualifiée tout à l'heure ?

– Sorcière ?

– Blanche, a précisé Wanda. Parce qu'il y a aussi les sorcières noires, ma chérie. Elles ne sont pas aussi gentilles que moi et font des choses maléfiques. Mais elles sont réglementées par l'IAPAC, cela dit. Tu sais ce que c'est, n'est-ce pas, ma chérie ?

J'ai hoché la tête avec force. L'International Agency for Paranormal Activity Control, une sorte de CIA mondiale qui traite de toutes les questions liées au paranormal et qui a des bureaux dans le monde entier, y compris en Italie. Pour ceux qui croient au paranormal, bien sûr. Et les deux, là, elles y croyaient manifestement pas mal.

– L'enlèvement d'un adulte est une affaire sérieuse, que l'IAPAC ne laisserait pas impunie.

– Parce que… kidnapper un enfant, si ?

Wanda a pris une autre gorgée de vin sans répondre. Zoé a repris la parole :

– Que les Janares soient impliquées, c'est possible mais peu probable. C'est juste que mes pouvoirs, dans la maison de ces gens-là, ne fonctionnent pas. C'est pour ça que j'ai besoin de toi.

Un mot était revenu que j'avais déjà entendu : les Janares. Ce nom était aussi mystérieux que menaçant.

– De quoi as-tu besoin, ma chérie ?

Elle s'était radoucie.

– C'est toi qui dois me le dire. Je t'ai décrit la situation. Tu penses qu'on a affaire à quoi ?

Wanda a réfléchi.

– Ce pourrait être un fétiche.

– C'est-à-dire ? j'ai demandé.

Décidément, j'étais à côté de la plaque ! Je ne comprenais pas un mot de ce qu'elles racontaient.

– Une sorte de poupée, m'a expliqué Zoé. Laura ne serait pas la vraie Laura, mais un mannequin animé avec de la magie.

– Stop ! Là, c'est trop.

– Tu vois ? a lancé Zoé à Wanda en haussant les épaules.

Wanda a eu un sourire moqueur.

– Ça fait un moment que je n'ai pas fait d'amulettes, tu sais. La Congrégation ne l'autorise pas.

– Tant que tu ne fais pas de mal à un mortel, la Congrégation n'y trouvera rien à redire.

Wanda a soupiré et détourné le regard.

– Je dois lever le doute, Wigilinda, a insisté Zoé.

Wanda l'a regardée, puis s'est penchée vers elle en lui touchant la main.

– C'est trop dangereux. Laisse faire l'IAPAC.

– Je ne peux pas.

La voix de Zoé a été prise d'un tremblement qui m'a inquiétée. J'y ai entrevu l'ombre de l'obsession.

Wanda a terminé la dernière gorgée de vin.

– À minuit, chez moi. Mais Catherine ne doit rien savoir.

– Promis.

Elle s'est levée sans dire au revoir et est allée payer.

– Tu le sais, que c'est absurde, hein ? ai-je observé, la tête reposant sur ma main.

– Bienvenue dans mon monde, a rétorqué Zoé avec un sourire espiègle.

J'ai souri en retour, mais ni sa blague ni mon côté rationnel ne pouvaient m'ôter le sentiment qu'on avait affaire à quelque chose de très, très dangereux.

6

# L'AMULETTE

Il était minuit, et j'étais littéralement morte de sommeil.

Après l'épisode Wanda (ou Wigilinda), j'étais rentrée chez moi et m'étais aussitôt plongée dans mes devoirs. Car si j'évite de passer pour une fayotte à l'école, je ne veux pas non plus descendre en dessous d'une certaine moyenne. En fait, je ne le montre pas, mais j'aime bien aller en cours.

Papa, en revanche, avait fait tout une histoire quand je lui avais demandé si Zoé pouvait dormir chez nous.

– Je suis très content que vous soyez copines. Mais je te trouve fatiguée. Et ces soirées pyjama deviennent un peu trop fréquentes à mon goût.

Je savais bien ce qui le tiraillait : d'un côté, il voulait remplir son rôle d'adulte responsable ; mais, de l'autre, il était tellement content que je ne sois plus l'asociale de service qu'il était prêt à beaucoup de compromis. J'avais donc fini par le convaincre, et Zoé était venue.

Mais là, à presque minuit, j'étais cuite – un vrai zombie. Alors que Zoé, elle, faisait des bonds comme une pile électrique. Elle me rendait folle.

– Tu n'as jamais besoin de dormir, ou quoi ?

– Très peu, a-t-elle reconnu. Quand je dors, je dors profondément, donc je n'ai besoin que de quelques heures de sommeil.

Avait-elle un lien de parenté avec Hamilcar ? Je commençais à sérieusement à me poser la question. Elle avait peut-être un genre de gène de momie. Elle avait déjà dormi des milliers d'années, et n'en avait plus besoin désormais.

On se trouvait devant une villa isolée dans les bois semblable à celle de Zoé : même air lugubre, mêmes briques grises, même tourelle incongrue s'élevant sur le côté.

– Mais vous avez toutes les mêmes goûts, vous les « sorcières » ?

Zoé m'a jeté un regard furieux. Cela m'a étonnée. La blague que je venais de faire était pourtant anodine.

Il ne faut pas chercher à comprendre.

Zoé a sonné au portail. Au bout de quelques secondes, un cliquetis a retenti et le portail s'est ouvert. Le jardin était très bien entretenu – même si avec toutes ses statues à moitié recouvertes de vignes, il me faisait davantage penser à un cimetière.

On a frappé à la porte, noire et agrémentée d'un heurtoir en forme de gargouille. Wanda l'a ouverte en personne, les yeux toujours habillés de lunettes de soleil. Peut-être était-elle aveugle, après tout.

La maison, à en juger par ce que j'en voyais par l'entrebâillement de la porte, était plongée dans l'obscurité.

– Bienvenue, mes chéries !

D'un geste théâtral de la main, elle nous a invitées à entrer.

J'avais comme un déjà-vu cinématographique. L'intérieur était pourvu de grands meubles en bois et de fauteuils en velours, les fenêtres recouvertes de lourds rideaux et les murs de fins papiers peints de style baroque. Tout, absolument tout, était noir.

Pendant un moment, je me suis demandée si je ne m'étais pas finalement endormie et si je ne rêvais pas.

– Suivez-moi.

D'un pas ferme mais gracieux, Wanda nous a entraînées à sa suite. Elle portait les mêmes vêtements et les mêmes talons que l'après-midi. À bien y réfléchir, Catherine et elle étaient comme affublées d'uniformes. Mais, à moment-là, j'étais bien trop fatiguée et confuse pour tirer une quelconque conclusion de cette observation.

Wanda nous a conduites vers un escalier en colimaçon en fer forgé, qui a gémi dès la première marche. Au bout de quelques pas, le fer a laissé place à la pierre. On aurait dit un château médiéval. Enfin, on a atteint le sommet – et ce que j'ai vu m'a laissée sans voix.

On se trouvait dans la tourelle entièrement en pierre que j'avais vue de l'extérieur. Les deux grandes fenêtres de chaque côté offraient un panorama fantastique. À la lumière de la pleine lune, le lac Albano, calme et entouré de forêts, scintillait comme un miroir d'argent. Était-ce à cause de ces arbres dépouillés par l'hiver ? Ou la lumière de cette lune gigantesque ? Quoi qu'il en soit, il y avait quelque chose de fantomatique dans cette beauté.

Des poutres du plafond pendaient des bouquets d'herbes séchées de toutes sortes. Sur les murs dépourvus de fenêtre couraient des étagères en ébène pleines de livres qui, avec leur reliure en cuir percée de clous, leurs titres en latin et leurs caractères arabe et grecs anciens, paraissaient très vieux. Au milieu de la pièce trônait un grand bureau sur lequel s'entassaient de gros ouvrages et des parchemins. J'ai même vu des alambics et des récipients de pharmacie en céramique décorés de magnifiques motifs. L'ensemble était éclairé par des dizaines de bougies de formes et de tailles diverses.

J'avoue que, pendant un moment, mon cerveau rationnel a fait une pause. Je retrouvais mon âme d'enfant ; c'était comme si j'avais atterri dans l'atelier d'un sorcier sorti tout droit d'un livre fantastique. Peut-être me trouvais-je dans le bureau de Severus Rogue, ou d'Albus Dumbledore ?

L'espace d'un instant, en tout cas, j'ai vraiment respiré l'air de la magie dans cette pièce. Et je me suis dit que peut-être, oui, après tout, cette étrange dame était vraiment une sorcière.

Non, n'importe quoi. C'était trop surfait. En un clin d'œil, j'ai réatterri dans la rationalité et je suis redevenue la Lucia sceptique et cartésienne. En fait, je devais plutôt me trouver dans un parc d'attraction.

Entre-temps, Wanda avait pris place dans le fauteuil damassé derrière le bureau. Elle nous a fait signe de nous asseoir sur les deux chaises qui lui faisaient face. Puis elle a ouvert un tiroir, en a sorti un sac de toile grossière fermé par une lanière de cuir et l'a posé sur la table.

– Je dois te remercier, ma chérie. Je me suis bien amusée. D'habitude, on me demande de faire des choses qui ne sont pas de mon niveau : des philtres d'amour, des potions de mémoire… les mortels sont d'un ennuyeux !

Zoé a saisi le sac et défait l'attache. Elle en a extrait un collier en cuir, duquel pendait un crâne d'oiseau minuscule surmonté de plumes brunes et blanches et de quelques pierres.

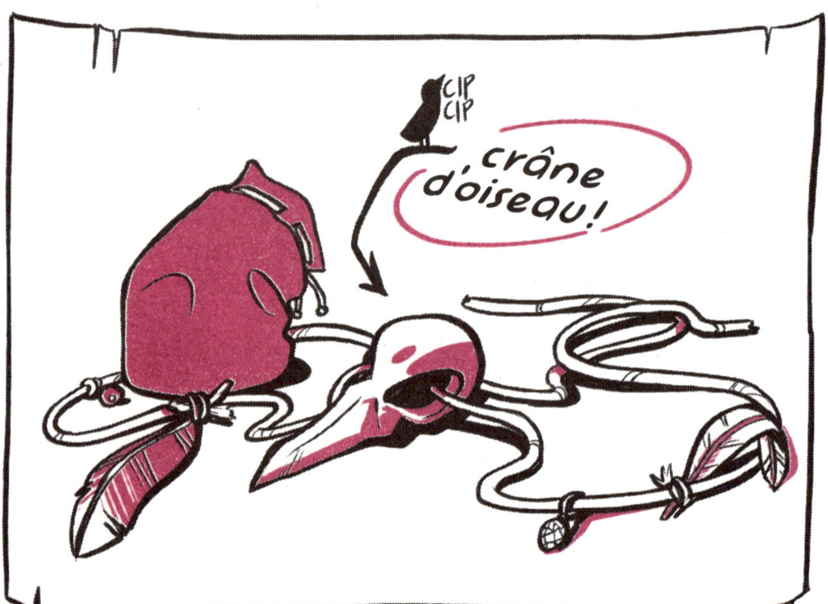

Après l'avoir examiné à la lumière chaude qui éclairait la pièce, Zoé l'a remis en place.

– Des instructions particulières sur la façon de l'utiliser ?

– Tu dois l'emmener dans les bois où tu auras préalablement dessiné ce pentacle.

Wanda a tendu à Zoé un parchemin sur lequel un symbole était tracé au crayon rouge. Le motif en évoquait le jeu vidéo Diablo. Le truc parfait pour un rituel satanique.

– Puis, tu attires ta proie au centre du pentacle, et le tour est joué. Le tout de nuit, bien sûr.

– Bien sûr, a confirmé Zoé, comme si Wanda venait de lui dire de faire chauffer de l'eau pour cuire des spaghettis.

J'étais abasourdie.

– Fais attention, chérie, a alors ajouté Wanda, d'un air anxieux. Si c'est bel et bien un fétiche, tu arrêtes tout de suite !

Zoé a eu un sourire féroce.

– Quoi, tu t'inquiètes pour moi, maintenant ?

Sans lui rendre son sourire, Wanda a considéré Zoé avec gravité.

– On s'inquiète toutes pour toi, tu sais.

Zoé s'est levée.

– Merci, Wanda. Je te tiens au courant.

On a traversé la maison et le jardin en silence.

Je n'y tenais plus.

– Je ne pensais pas qu'on se retrouverait avec une bonimenteuse.

Zoé s'est arrêtée net.

– C'est ce que tu penses ?

– Bah… on aurait dit le décor d'un film d'horreur. Et quand elle a parlé des filtres… Je n'aime pas trop ces personnes qui profitent de la naïveté des gens.

Zoé a poussé un profond soupir.

– C'est ce que tu veux croire, hein ? Que l'ombre à l'extérieur de la chambre de Laura et Andrea est juste un voleur, Wanda une diseuse de bonne aventure, et toute cette histoire un simple enlèvement. J'aurais tellement préféré que ce soit le cas, Lulu.

La simple évocation de cette ombre qui m'avait tant effrayée m'a fait frissonner.

– Tu te protèges, je le comprends. Mais alors, pose-toi la question : veux-tu continuer ou t'arrêter ici ? Je peux m'occuper de cette histoire toute seule si tu as trop peur.

– Je n'ai pas peur ! ai-je insisté, tout en notant la sueur froide qui me parcourait l'échine.

– Dis-moi simplement ce que tu veux faire, a-t-elle ordonné sèchement.

– Je reste avec toi, ai-je marmonné.

– Bien. Demain, tu sauras définitivement si Wanda est une bonimenteuse ou pas.

# 7

# LE PIÈGE

Le lendemain matin, je n'ai pas été très classe.

Je n'étais pas fière de moi, mais je n'avais pas le choix. J'ai dit à papa que j'étais malade et je l'ai convaincu de me laisser seule à la maison. Ce n'était même pas un mensonge, j'étais vraiment épuisée. Mais pas à cause du mal de ventre que j'avais prétexté.

C'est là le seul véritable inconvénient de ma collaboration avec Zoé : ça m'oblige à beaucoup mentir à papa, ce que je déteste car il ne le mérite pas.

Bref, j'ai dormi toute la matinée. J'en avais terriblement besoin.

En début d'après-midi, alors que je déambulais à la maison dans mon beau pyjama avec l'autruche cousue sur mon ventre, on a sonné à la porte.

Je suis allée ouvrir. C'était Zoé, Andrea et... Luke.

Je suis instantanément devenue rouge comme un poivron frit. J'ai enfilé à la hâte ma robe de chambre en polaire rose, un truc improbable recouvert de licornes, pas pratique, et… Mince ! Évidemment, je ne m'étais pas encore coiffée.

– Z… Zoé ! j'ai balbutié.

Elle s'est engouffrée à l'intérieur, les autres à sa suite.

– Faut qu'on parle.

En fait, on n'a réussi à parler qu'après avoir anéanti la gigantesque casserole d'aubergines parmesanes que Zoé avait amenée avec elle. L'œuvre d'Hamilcar, bien sûr. Un pur délice. Celles de papa sont super bonnes, mais là…

Et encore une digression.

C'est Luke qui a parlé le premier :

– Les Izzo disparaissent environ six mois avant l'apparition des Lisandri. J'ai retrouvé les certificats de décès.

Andrea est devenu blanc comme un linge.

– Six mois plus tard, ils ressuscitent en tant que Lisandri.

– Et personne n'a rien remarqué ? me suis-je étonnée.

– Il n'y a pas tellement de contrôle sur ce genre d'événements. Bien sûr, s'il arrive quelque chose de grave, la police enquête. Mais d'après ce que j'ai vu, les Izzo n'ont jamais rien fait de mal. Ils seront officiellement morts dans un accident de voiture, point.

Andrea devenait de plus en plus pâle.

– Cela nous confirme qu'ils n'ont pas fui à cause d'un crime, a dit Zoé.

– Je n'ai pas trouvé d'histoires de dettes ou de trucs comme ça non plus, a renchéri Luke.

– Et où vivaient-ils avant de venir à Rome ? a demandé Zoé. Laisse-moi deviner : Bénévent.

Luke l'a contemplée avec surprise.

– Bingo ! Comment tu as fait ?

– Oh... Izzo est un nom de famille de la région, a-t-elle répondu, évasive.

Mais j'ai senti que ce n'était pas la vérité.

Zoé s'est tournée vers Andrea.

– Tu ne savais rien de tout cela, pas vrai ?

Il a secoué la tête.

– Non. Et faut que je digère... Car on a toujours été très normal.

– Jusqu'à il y a trois semaines, a dit Zoé pensivement.

– J'ai aussi cherché des infos sur le démon que tu as vu à la fenêtre, a dit Luke.

Zoé l'a considéré avec méfiance.

– Qui t'a demandé de le faire ?

– Mon insatiable curiosité. De toute façon, je n'ai rien trouvé. Aucune observation similaire, aucune légende urbaine... rien. J'ai besoin d'autres données.

– Tu en auras en temps utile, lui a rétorqué Zoé d'un ton sec. Revenons-en à nos moutons. Il va falloir encore faire une nuit blanche.

Andrea avait bruyamment manifesté son opposition. Je pouvais le comprendre : moi non plus, je n'avais pas spécialement envie d'aller me balader dans les bois du Tusculum en pleine nuit et par ce froid glacial. Autour de nous, tout semblait chuchoter. J'aurais dit que c'était une nuit de sorcières si j'avais cru en leur existence.

Zoé et moi, on s'était tapies sur des feuilles sèches derrière une grosse pierre.

– Tu crois que ça a marché ? j'ai demandé.

– J'espère.

L'après-midi, j'avais dessiné le pentacle de Wanda sur le sol.

– Tu es douée pour le dessin, avait dit Zoé. Alors que moi, je suis nulle.

Je m'étais plutôt bien débrouillée, effectivement. Mais quand bien même je n'y croyais pas, dessiner ce machin m'avait fait flipper.

J'avais eu l'impression d'invoquer un démon, comme dans les bandes dessinées. D'autant que Zoé m'avait fait utiliser de la poudre à canon : on y avait mis le feu de sorte que le pentacle avait laissé une trace sur le sol. Puis on l'avait recouvert d'un tapis de feuilles pour que Laura ne puisse pas le voir. Ce plan très élaboré avait nécessité deux jours de préparatifs.

Luke aussi était de l'aventure. Comme il faisait partie d'un groupe d'astronomie, il avait réussi à organiser une séance d'observation des étoiles cette nuit-là. Chez lui, Andrea avait manifesté un intérêt aussi grand que soudain pour l'astronomie et persuadé toute sa famille de participer à cette séance, y compris Laura, qui avait accepté l'invitation sans sourciller.

– Si ça avait été la vraie Laura, elle m'aurait chambré à mort, avait d'ailleurs remarqué Andrea.

Quant à moi, j'avais montré à Papa la brochure de la soirée (spécialement préparée par Luke avec l'aide de mes talents de graphiste) et je n'avais eu aucun mal à le convaincre.

Luke avait installé un télescope. Avec l'aide d'un de ses copains, il comptait distraire les parents d'Andrea et les autres participants pendant qu'on agirait.

Heureusement, la nuit était claire. Si ça n'avait pas été le cas, tout le plan serait parti en vrille.

On avait à peine une heure devant nous, mais selon Zoé, cela suffirait. Notre plan : Andrea devait se débrouiller pour amener Laura dans nos environs.

Et c'est là que le bât blessait selon Andrea.

– Mais comment je ... c'est impossible ! Trop dangereux.

Je le comprenais. Moi aussi je regrettais d'avoir suivi Zoé là-haut, d'autant que j'étais convaincue que l'amulette de Wanda n'était qu'un banal collier et qu'il ne se passerait rien. Mais bon, on était en pleine enquête, il fallait bien avancer.

– Mais qu'est-ce qu'il fabrique ? Il devrait être avec Laura, s'est agacée Zoé.

– Espérons qu'il viendra tout court.

C'est alors qu'on a entendu un bruissement, plus proche et plus précis que les précédents. Je me suis légèrement relevée.

Au clair de lune, j'ai vu deux silhouettes s'avancer.

– C'est eux, ai-je chuchoté en me rebaissant.

Zoé a serré une ficelle qui a disparu sous les feuillages. J'ai sorti le collier. Je le répète : je n'y croyais pas. Cela dit, de cet objet émanait quelque chose d'un peu inquiétant. Je suis cependant restée concentrée.

Tandis qu'ils approchaient, je les ai entendus parler à voix basse.

– Tu es sûre que c'est ici ? a dit Laura, dont la voix ne trahissait aucune émotion.

– Oui, oui ! Viens, a répondu Andrea avec agitation.

Puis un grincement s'est fait entendre. C'était le signal :

Laura était arrivée au centre du pentacle. J'ai brusquement jailli de derrière le rocher et l'ai attrapée par les épaules. Elle était tellement surprise que je n'ai eu aucun mal à lui enfiler l'amulette de Wanda autour du cou.

À ce moment-là, quelque chose est advenu que je ne peux absolument pas m'expliquer, quand bien même j'y ai réfléchi encore et encore. Sherlock Holmes dit que « une fois qu'on a éliminé l'impossible, ce qui reste, aussi improbable qu'elle soit, c'est la vérité ».

Or, à cet instant, devant mes yeux, c'est l'impossible qui s'est produit.

# 8

# INTO THE WOODS

LU!
SLAP!
TUM!

J'AI DÛ RÊVER...

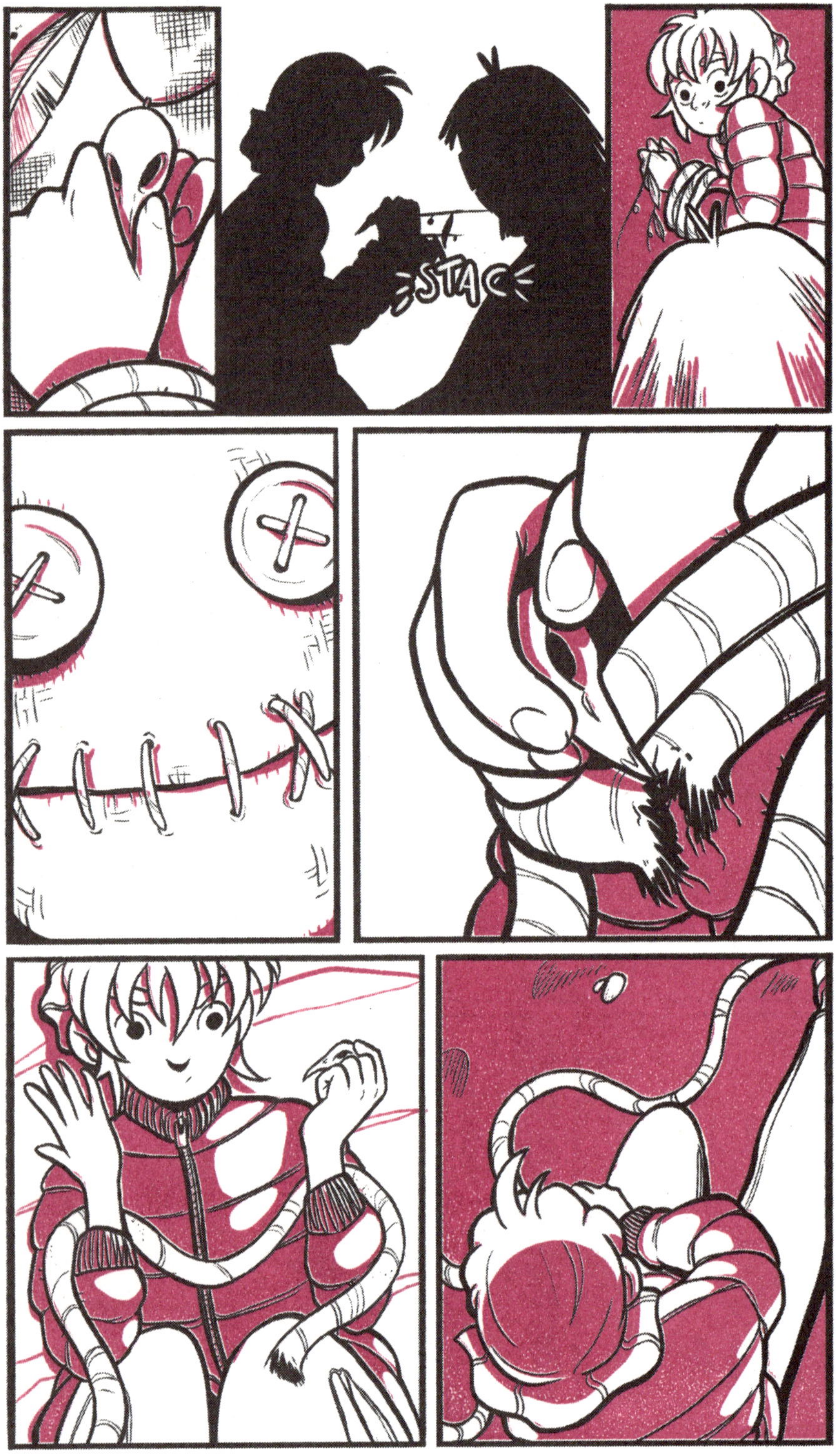
STAC

LAISSE-MOI !

LU !
ALLEZ, ON S'EN VA !
ZAC
AAARGH!
FAUT PARTIR !

# 9

# STOP !

Luke m'a ramenée chez Zoé avec sa mobylette.

En me blottissant dans la chaleur de sa cuisine, j'ai ressenti un soulagement indescriptible. Zoé m'a enroulée de la tête aux pieds d'une grosse couverture. Quant à Hamilcar, il m'a apporté un bon chocolat chaud fumant. Mais j'étais tellement secouée que mon estomac ne voulait rien avaler.

Face à moi, Zoé était livide. Ses cheveux recouvraient la moitié de son visage, ses mains posées sur la table tremblaient légèrement.

Je ne l'avais jamais vue dans cet état.

– Tout va bien, Zoé, ai-je dit doucement.

– Non, tout ne va pas bien du tout.

– Il ne s'est rien passé en fin de compte.

– Nan, rien du tout, a ironisé Luke. Sinon qu'on a mis le feu à la sœur d'Andrea.

– Il est où, Andrea, d'ailleurs ? j'ai demandé.

– Il est rentré chez lui. Mais sa sœur n'y était pas, évidemment. Maintenant, c'est panique à bord. La police va débarquer sous peu.

J'ai pensé à la façon effrayante dont la main de Laura avait pris feu dès que Luke avait utilisé le taser. Je savais que c'était une arme dangereuse – je me demandais d'ailleurs d'où il la tenait –, mais j'avais toujours entendu dire qu'elle pouvait causer une crise cardiaque, pas transformer qui que ce soit en un feu de joie.

– C'est incroyable comme elle a brûlé… on aurait dit qu'elle était faite de paille…

– Elle était faite de paille, a dit Zoé.

– Je l'ai vu de mes propres yeux, LuLu, m'a dit Luke. Ça ressemblait à une sorte de poupée vaudou.

J'ai contemplé ma tasse. Je ne savais pas quoi penser. C'était tellement absurde. Plus encore que d'habitude.

– D'accord, ai-je tenté, supposons que ce n'était pas Laura mais une sorte de… robot, disons. L'avantage, c'est que ça veut dire qu'on n'a pas mis feu à la sœur du client.

J'ai essayé de rire, mais ni Zoé ni Luke ne m'ont suivie sur ce terrain.

– Mais où est la vraie Laura, alors ?

PA

Zoé m'a tendu une feuille de parchemin toute froissée, du genre de celles qui jonchaient le bureau de Wanda.

La calligraphie s'efforçait d'être raffinée, bien que tremblante ; l'auteur semblait avoir utilisé une plume ancienne. Il y avait également quelques taches d'encre.

Le message disait :

*Si tu veux revoir la fille saine et sauve, je te conseille de laisser tomber cette histoire. Cette affaire vous dépasse largement, ton amie et toi.*

*Une amie*

Je l'ai relu plusieurs fois.

– J'ai trouvé ça dans la clairière après m'être remise du coup, a expliqué Zoé.

– Mais oui, c'est vrai, elle t'a frappée ! me suis-je rappelé. Ça va ? Elle t'a fait mal ?

– Lu, bon sang ! C'est toi qui as été enlevée ! Moi, je suis juste l'idiote qui t'a mise en danger !

Et là, j'ai compris. J'avais été trop choquée pour le comprendre avant.

Zoé se mordait les doigts de m'avoir entraînée dans cette histoire.

– Tout va bien, Zoé. Tu n'y pouvais rien.

– Oh si, j'y pouvais quelque chose. Je sais, moi, à qui et à quoi on a affaire. Et j'aurais dû te protéger.

– Ce que tu devrais faire, c'est m'expliquer ce que tu soupçonnes. Je suis ton assistante et tu me tiens à l'écart de tout. Même lui, il en sait plus que moi.

J'ai désigné Luke, qui a levé les mains en signe de protestation.

– Zoé ne m'a pas dit un mot, LuLu. Je suis autant dans le brouillard que toi.

J'ai fixé Zoé qui a détourné le regard. Mais je sentais que l'armure commençait à se fissurer.

– On a affaire à une Janare, a-t-elle dit finalement.

Un lourd silence est tombé. Je ne l'ai brisé qu'au bout d'un moment.

– J'étais plus ou moins arrivée à cette conclusion par moi-même, mais ça veut dire quoi ? Tu en as souvent parlé, de ces Janares, sans jamais me dire qui elles sont.

– Wanda est une Janare. La Congrégation, dont elle fait partie, est une association de Janares d'un type particulier, des Janares blanches.

– Je ne comprends toujours pas.

– Les Janares sont des sorcières ouvertement hostiles aux humains, à qui elles reprochent le comportement nuisible envers la nature. Cependant, pour éviter une guerre ouverte, elles ont conclu un accord avec l'IAPAC qui stipule ce qu'elles peuvent faire et ne peuvent pas faire dans leurs activités.

– Et la Congrégation ?

– Ce sont des Janares qui croient la cohabitation possible entre humains et sorcières. En fait, les sorcières blanches que vous avez vues vivent parmi nous, plus ou moins déguisées, comme Wanda. Entre elles et le Sabbat, la secte des Janares pures et dures, la haine est féroce.

J'ai pris un moment pour assimiler toutes ces informations.

– Mais pourquoi une Janare aurait-elle enlevé Laura ?

– Les Janares ne naissent pas ainsi : chacune d'entre elles était une humaine à l'origine.

– C'est-à-dire ?

– C'est-à-dire que les Janares volent les bébés filles de leurs berceaux et les remplacent par des fétiches. Ces fétiches sont souvent imparfaits, à l'âge adulte, ils tombent malades. D'ailleurs, vous n'avez jamais entendu d'histoires d'enfants nés en bonne santé et qui, d'un coup, manifestent des signes de maladie génétique ?

– Ça existe, les maladies qui ne se manifestent pas à la naissance, mais au bout d'un certain temps.

– En effet. Mais dans certains cas, il s'agit de fétiches de Janares qui ont kidnappé l'enfant pour en faire une sorcière.

J'ai frissonné. Non, ce n'étaient que des histoires. Ce que Zoé racontait là, c'étaient des légendes du passé pour expliquer des faits autrefois inexplicables, comme les maladies dégénératives.

Une partie de mon cerveau, cependant, continuait à me repasser le film de la marionnette qui m'avait attaquée dans les bois, et de la silhouette noire dans la maison d'Andrea et Laura.

– Oui, mais Laura n'est plus une enfant... et elle n'est pas malade !

– C'est là qu'on entre dans le vif du sujet. Et dans les hypothèses. Personnellement, je suis convaincue que ça s'est passé comme ça : au début, Laura était destinée à devenir une Janare. Le Sabbat l'avait kidnappée. Mais, de toute évidence, ses parents ont réussi à la récupérer – c'est rare, mais ça arrive. Cela expliquerait le changement de nom de famille, la fuite et tout le reste. D'ailleurs, vous savez où est basé le Sabbat ? À Bénévent.

C'était incroyable.

– Dans des cas similaires, selon les lois de la Trêve, le Sabbat doit renoncer à son coup.

– Alors pourquoi s'en prennent-elles à Laura douze ans plus tard ? Et d'ailleurs... Wanda n'a-t-elle pas dit qu'elles ne pouvaient s'en prendre qu'aux nourrissons ? Que c'était illégal, sinon ?

– Si, a confirmé Zoé.

– Et alors ?

– Je ne sais pas. Toute cette histoire respire les Janares par tous ses pores : le fétiche est symptomatique de leur magie, même si celui-ci était de qualité particulièrement mauvaise. Tout concorde. Sauf la pièce principale : qui a fait ça, et pourquoi. Violer aussi grossièrement les lois de l'IAPAC signifie la guerre. Faut absolument qu'on élucide ce mystère.

Pour la première fois, j'ai eu le sentiment viscéral qu'on faisait quelque chose de vraiment dangereux – peut-être pas tant pour moi que pour Zoé. D'autant qu'elle prenait tout cela beaucoup trop à cœur.

– Tu ne crois pas qu'on devrait laisser faire l'IAPAC ?

– C'est une affaire personnelle, Lu. Ils se sont servis de toi pour me menacer.

J'ai frissonné. Car sa voix était tranchante et pleine de colère refoulée. Elle ne s'arrêterait pas en si bon chemin, je le sentais. Et ça me faisait peur.

– Je ne sais pas si c'est une bonne idée…

– Ça ne l'est pas.

On s'est tous retournés brusquement. Au milieu de la cuisine se trouvait Catherine, impeccable dans son tailleur noir et sa veste serrée à la taille, les cheveux pris dans un chignon soigné et ses grosses lunettes noires posées sur le nez. Même moi qui ne la connaissais pas bien, j'ai clairement senti qu'elle était hors d'elle.

Zoé a eu l'air étonné, mais elle a encaissé le coup.

En un éclair, Catherine était près d'elle et l'a attrapée par le bras, la forçant à se lever.

La chaise est tombée à terre.

– Hé ! a protesté Luke.

D'un geste de la main, Catherine l'a comme bloqué. Aussi étonnant que ça puisse paraître, il n'a plus réagi. Moi aussi, je me suis sentie comme immobilisée.

– Lâche-moi ! a crié Zoé.

– Il est temps de vous arrêter. Vous vous êtes bien amusés, mais ce n'est plus un jeu, là. Vous vous êtes embarqués dans quelque chose qui vous dépasse. Je veux que ça cesse. Ici et maintenant.

Sa voix était glaciale.

Zoé lui a jeté un regard de défi.

– Ça n'a jamais été un jeu.

Mais Catherine l'a ignorée.

– Que vous vous soyez impliqués là-dedans est vraiment déplorable.

Et s'adressant à Luke et moi :

– Maintenant, c'est terminé !

Puis, se tournant à nouveau vers Zoé :

– Viens avec moi. Vous deux, vous restez là. Reposez-vous. Hamilcar vous fournira un lit confortable pour la nuit.

Elle a traîné Zoé hors de la pièce. Quand la porte s'est refermée, on a pu bouger à nouveau.

– C'était quoi ce délire… ??? a dit Luke.

J'avais déjà foncé vers la porte. Mais dans le couloir désert, il n'y avait plus aucune trace de Zoé et de sa tutrice.

10

# LE LIEU DU CRIME

Les deux jours suivants ont été cauchemardesques. Zoé s'était comme volatilisée. Elle n'était même pas allée à l'école. Mes appels et mes messages WhatsApp étaient régulièrement ignorés.

J'ai commencé à harceler Luke de requêtes. Avec sa mobylette et ses seize ans, il était bien plus libre de ses mouvements que moi.

– Sa tutrice se sera mise en colère et l'aura punie, a-t-il répondu, impassible.

Mais les scénarios catastrophes se bousculaient dans mon esprit fiévreux. Zoé et sa tutrice avaient déménagé, elles avaient quitté l'Italie, Zoé évoluait dans un monde régi par des aliens… Bref, tout, absolument tout, avait pu se passer.

Puis, un soir, alors que je me défoulais en jouant à *Zelda. Breath of the Wild* – un jeu vidéo super cool parmi mes préférés –, Luke m'a fait signe.

> Je t'ai envoyé un mail.

Installe le programme et lance-le.

Je me suis exécutée en un éclair. Deux fenêtres se sont ouvertes : dans l'une, Luke me souriait d'un air satisfait, dans l'autre est apparu le visage pâle et émacié de Zoé, plongé dans la pâle lueur d'une torche.

– Zoé ! me suis-je exclamée.

Elle a porté un doigt à sa bouche.

– Pas si fort ! Elle est capable de t'entendre à travers les écouteurs, a-t-elle murmuré.

J'ai réalisé qu'elle avait la tête sous les draps. Elle se cachait de cette fameuse « elle », qui ne pouvait être que Catherine.

En voyant Zoé, tout a été relégué au second plan. Elle était là, je pouvais lui parler, et elle semblait aller bien.

– Qu'est-ce qui s'est passé ?!

Zoé a fait claquer sa langue.

– Cette maudite Catherine ne veut pas que j'enquête sur cette histoire. Elle m'a confisqué le téléphone et enlevé la connexion.

– Pas du tout. Elle a mis en place un système de blocage, du genre de ceux qu'on utilise pour protéger les mineurs, l'a corrigée Luke d'un air amusé. Mais mon programme a réussi à le contourner.

Il avait l'air très content de lui.

– C'est pas drôle, a répliqué Zoé, glaciale. Et je n'ai pas de temps à perdre avec tes blagues à la noix. Catherine me surveille en permanence… Je suis hors-jeu. Au moins cette semaine, je ne peux pas me permettre de sortir du rang. J'espère qu'elle lâchera prise après. En attendant, faut que vous continuiez sans moi.

J'ai essayé de l'interrompre, mais Zoé a poursuivi :

– Toi, Lu, tu vas reprendre en charge l'enquête sur les Izzo : je veux savoir ce qu'ils ont fait à Bénévent, avec qui ils sont entrés en contact. Concentre-toi sur leurs amies féminines, et essaie de découvrir quand Laura a été enlevée pour la première fois. Toi, Luke, débrouille-toi pour m'apporter les restes du fétiche. Avec la psychométrie, je dois être capable d'en savoir plus sur la sorcière qui l'a fabriqué. Soyez prudents – surtout toi, Lu. Tu me comprends ? Très prudente. Bon, j'y vais.

Et elle a disparu de l'écran.

Je suis resté figée sur place. Dans l'autre fenêtre, Luke semblait aussi perplexe que moi.

– Ça ne sert à rien d'investiguer sur les Izzo et elle le sait parfaitement, ai-je dit à voix basse. Elle m'exclut de l'enquête, en fait.

C'était bien son genre, à Zoé. Après tout, j'avais été kidnappée, et ça n'avait pas d'importance que le kidnapping ait duré… combien de temps ? une heure tout au plus, et que je me sois brillamment libérée, ok, avec l'aide de Luke, ce qui ne m'avait pas déplu, d'ailleurs, et…

Stop. Je m'égare encore.

Pour Zoé, donc, j'étais en danger. Et c'est la raison pour laquelle elle me filait la mission la plus inoffensive et ennuyeuse possible.

– Écoute, ai-je proposé à Luke à l'improviste. Demain, c'est samedi. Que dis-tu d'une promenade à Tusculum avec moi ?

Quand papa s'est retrouvé face à Luke, il a fait une de ces têtes ! Tout un programme. Autant il s'était d'emblée montré sous son meilleur jour avec Zoé, autant envers Luke il a manifesté toute l'hostilité dont il est capable. Ce n'était pas une conversation, mais un interrogatoire.

– Tu vas dans quel collège ? Tu habites où ? Depuis combien de temps tu as une mobylette ?

Tu as deux casques ? Vous devez être de retour à six heures, compris ?

J'aurais voulu disparaître au centre de la terre.

– Ne t'inquiète pas, papa, Luke est très prudent, j'ai essayé de le rassurer.

Mais Luke a tout sauf le visage du bon fils à papa. Et à dire vrai, il n'est même pas spécialement prudent au volant, si vous voyez ce que je veux dire.

Papa m'a toutefois autorisée à partir avec lui. J'ai évidemment passé sous silence le fait qu'on allait dans les bois du Tusculum, sinon je pense qu'il m'aurait enfermée à la maison jusqu'à mon dix-huitième anniversaire. En fin de compte, mon père avait accepté parce qu'il était content que je me sois fait un autre ami, même s'il était plus âgé et qu'il avait une tête à claques.

Il nous a considérés d'un air renfrogné, mais à la fin, il m'a fait un clin d'œil, et je me suis sentie terriblement coupable, comme toujours.

– Si Zoé savait que je t'emmène avec moi, elle me tuerait, a dit Luke en gloussant, comme la mobylette gravissait la colline de Tusculum.

Voilà que je mentais à Zoé, aussi. Or je ne suis pas douée pour le mensonge.

Le fait de revoir l'endroit où j'avais été retenue prisonnière m'a bouleversée. Tout s'était passé tellement vite que je n'avais pas eu le temps de ressentir de peur. Mais là, je ne pouvais plus m'empêcher de penser à la marionnette dans laquelle Laura s'était métamorphosée. De cet épouvantail avait émané le même air lugubre que de la silhouette qui avait surgi à la fenêtre de Laura.

Je ne pouvais m'expliquer ce qui s'était passé d'aucune façon.

Avais-je eu une hallucination ?

Non, Luke disait qu'il l'avait vue, lui aussi.

Alors qu'est-ce que c'était ? Quelle explication scientifique pouvait justifier une telle horreur ? J'avais déjà entendu parler des hallucinations collectives : on croit à l'existence d'un phénomène paranormal et au fait qu'il affecte également les personnes de votre entourage. Nombre d'OVNI dont les gens croient avoir été les témoins s'expliquaient ainsi.

Était-ce ce qui nous était arrivé ?

– J'y vais, m'a dit Luke.

Il a posé sa main sur mon épaule, ce qui m'a fait frissonner.

– Mais tu pourrais faire une dernière chose pour moi.

Il s'est glissé dans une sorte de tanière, pendant qu'il me confiait la tâche de cacher des pièges à caméra au milieu de la végétation. Cela ressemblait à des talkies-walkies, mais c'étaient en réalité des caméras qui se déclenchaient lorsque quelque chose passait devant. Luke avait aussi des infrarouges fonctionnant dans le noir. Dès qu'ils détectaient le passage d'un corps, ils envoyaient les photos par mail en temps réel.

– Notre « amie » ne passera probablement plus par ici, mais faut quand même tenter le coup, m'a dit Luke.

J'ai dispersé les pièges à photos aux endroits qui me semblaient stratégiques, les pointant dans différentes directions. Pendant ce temps, Luke récupérait le matériel dans le terrier.

– Voilà ! s'est-il exclamé en ressortant.

Dans sa main, il tenait un objet noirci que j'ai mis un moment à identifier. Puis j'ai eu un flash : c'était la main du fétiche… carbonisée. On distinguait encore la toile de jute ; mais de la paille, il ne restait que des cendres, que Luke avait placées dans un sac plastique.

– Je n'ai pas tout pris, a-t-il expliqué. Peut-être que notre « amie » va venir le récupérer.

– Pourquoi tu la qualifies d'amie ?

– C'est ainsi qu'elle a signé, il me semble, non ?

À six heures, comme promis, on était de retour à la maison.

Malgré notre ponctualité, papa a jeté un regard aigre à Luke et l'a salué d'un glacial « bonsoir ».

– Tu aurais pu être un peu plus gentil, non ? je l'ai grondé après le départ de Luke.

– Lucianette, je suis content que tu aies enfin des amis, mais un garçon plus âgé que toi...

– C'est un copain de Daria, je le connais depuis longtemps.

– Il a seize ans, tout de même.

J'ai roulé les yeux. Papa est d'un lourd, parfois...

– Je t'assure que c'est un garçon très sérieux. D'ailleurs, tu as vu ? Il m'a ramenée parfaitement à l'heure !

J'ai montré l'horloge : six heures cinq.

Je pouvais clairement voir sur son visage que deux pensées se battaient en lui. D'un côté, la satisfaction que j'aie un deuxième ami ; de l'autre, l'inquiétude que ledit deuxième ami ne soit pas de sexe féminin et moins âgé.

La main du Fétiche !

– Très bien, a-t-il finalement soupiré. Comporte-toi toujours bien, et je jure que je cesserai de t'ennuyer.

Il a souri.

Je lui ai souri en retour, et j'ai réalisé qu'une fois de plus, ça s'était bien passé.

Le soir, j'ai contacté Luke. Zoé n'a réussi à nous rejoindre que pour quelques minutes.

– Catherine respire dans mon cou. J'étouffe ! Elle ne veut pas me renvoyer au collège tant que l'IAPAC n'aura pas résolu le problème.

– Ne t'inquiète pas, a fanfaronné Luke, on a été tes mains et tes yeux pendant ta réclusion.

Il a brandi nos découvertes de l'après-midi devant la caméra.

– Super, a dit Zoé. Maintenant, il ne vous reste plus qu'à trouver moyen de les amener jusqu'à moi.

– Je peux passer te voir, ai-je proposé.

– Je t'ai dit que Catherine me surveillait comme le lait sur le feu.

– Mais elle ne peut pas rester à la maison tout le temps, si ? Il y aura bien un moment où tu seras seule.

– Mettez-moi au courant de vos découvertes, plutôt, nous a pressés Zoé. Parce qu'elle va se ramener d'un instant à l'autre.

Je lui ai donc raconté ce que j'avais découvert. En réalité, c'était Luke qui l'avait découvert, mais il m'avait tout raconté avant qu'on appelle Zoé. Car Zoé devait croire que c'était moi qui avais fait les recherches. Pour elle, je n'étais pas censée avoir accompagné Luke à Tusculum.

Luke avait piraté le site de la police après qu'une patrouille avait fouillé la maison des Lisandri. Car désormais, Laura avait officiellement disparu, et une enquête avait été ouverte. L'équipe médico-légale avait pris des mesures sur le rebord de la fenêtre où Zoé et moi avions vu la silhouette noire.

– Ils ont trouvé des restes de carton et de papier journal, ainsi que des fibres de tissus souillés. Mais aussi des résidus d'herbes étranges : houx, belladone, hysope, valériane, ai-je lu en feignant la nonchalance.

– Je m'y attendais, a dit Zoé. Ce sont des herbes très souvent utilisées pour fabriquer des filtres et des potions. Je suis plus curieuse sur le reste… au sujet des Izzo.

Luke lui a parlé des pièges à photos.

– Parfait, a-t-elle conclu. On se retrouve demain.

Et elle a brusquement raccroché.

– Tu crois qu'elle a avalé le morceau ? j'ai demandé à Luke, préoccupée.

– Au moins, elle n'a pas voulu en parler. Ça me paraît bon signe.

On s'est quittés en se souhaitant bonne nuit, et je suis restée un moment devant mon ordinateur, rêveuse.

Il soufflait un air toujours aussi mauvais autour de cette affaire. Et Zoé n'abandonnerait jamais la partie.

La seule chose qui me consolait, c'était que j'allais la revoir bientôt.

11

# ZOÉ ET LU EN ACTION

Je n'ai revu Zoé que trois jours plus tard.

Comme elle n'allait pas à l'école, on a dû ruser.

Alors qu'auparavant, Catherine avait toujours été en voyages d'affaires, confiant la garde de Zoé à Hamilcar qui était beaucoup moins strict, elle veillait désormais personnellement à l'isolement de sa protégée. Zoé a donc dû viser les très rares instants durant lesquels la « geôlière » quittait son poste de garde.

Dès que Zoé m'a fait signe, j'ai prétendu à mon père que je devais ramasser des feuilles mortes pour un devoir de science.

Zoé craignant que Catherine ait placé des caméras de surveillance dans la maison, on a préféré se retrouver dans les bois derrière chez elle.

Je l'ai attendue, les mains chargées de feuilles mortes pour mon alibi. Au bout d'un moment, je l'ai vue marcher vers moi. Elle portait un sweat-shirt muni d'une capuche à l'effigie de Naruto (l'un de mes mangas préférés) qui recouvrait sa tête. Elle a escaladé la clôture de son jardin avec agilité.

Qu'est-ce qu'elle m'avait manqué !

L'espace d'un instant, j'ai complètement oublié qu'elle aimait autant le contact physique qu'un chat aime l'eau : je me suis ruée sur elle et l'ai serrée dans mes bras.

– Hum ! On n'a pas beaucoup de temps, a-t-elle protesté, raide sous mon étreinte.

Je l'ai libérée et lui ai tendu les éléments qu'on avait retrouvés sur place, notamment un vieux téléphone portable qui n'avait même pas de connexion internet.

– C'est Luke qui me l'a donné. Comme ça, en cas d'urgence, on peut au moins communiquer par SMS.

Zoé l'a retourné dans ses mains, découragée.

– Des textos… Génial.

– Je suis d'accord. Mais comme a dit Luke : les trucs les plus vieux sont aussi les plus fiables.

Zoé a glissé le téléphone portable dans sa poche.

Puis elle a examiné les éléments d'enquête que je lui avais apportés.

On avait peu progressé durant ces trois jours. Les pièges photographiques avaient produit quantité d'images de sangliers, de renards, et aussi d'une bête dont j'espérais qu'il s'agisse d'un loup, parce que c'est un animal que j'aime beaucoup et qu'il y en a dans les Castelli Romani, mais, d'après Luke, c'était juste un gros chien errant.

Aucune photo de la mystérieuse amie, en revanche.

J'avais également fait des recherches sur ce qu'on avait retrouvé sur le rebord de la fenêtre de Laura : du carton, un journal, des déchets. C'est cliché et j'en ai un peu honte, mais j'ai aussitôt pensé à un sans-abri. Pourtant, sur internet, je n'ai rien trouvé qui abonde en ce sens – aucun article de journal, aucun rapport suspect mentionnant un SDF.

Zoé a fébrilement parcouru les éléments que je lui avais apportés. À la regarder, j'avais vraiment le sentiment que cette enquête prenait un tour obsessionnel, et cela m'inquiétait.

– Zoé... Tu ne crois pas qu'on devrait arrêter ?

Elle a purement et simplement ignoré ma question.

– J'espère que tu as fait attention à toi, au moins, quand tu as accompagné Luke à Tusculum ?

J'ai rougi jusqu'aux oreilles.

– Mais... je...

Elle m'a considérée sans l'ombre d'une colère.

– Comme je n'avais aucun doute que tu irais quand même, je l'ai envoyé, lui. Je ne l'aime pas trop, mais au moins je te sais protégée en cas de problème.

Là, mon visage est devenu cramoisi.

– En revanche... a-t-elle ajouté, me fixant cette fois avec gravité, ne me raconte plus de bobards.

– Je suis désolée, ai-je murmuré.

Elle a fermé les yeux tandis qu'elle promenait ses doigts sur le tissu que je lui avais apporté. Au bout d'une minute, elle s'est exclamée :

– Tu avais raison ! C'est une SDF.

– Quoi ? Comment ça ?

– En quelque sorte. Il y a un résidu de magie sur le fétiche, donc je ne la vois pas très bien... d'autant qu'elle l'a fabriqué dans le noir... Mais je pense pouvoir te la décrire. Tu as de quoi dessiner ?

J'ai hoché la tête. J'emporte toujours un bloc-notes et un crayon avec moi. J'aime bien m'asseoir sur un banc et coucher le paysage sur papier. Ça me détend.

J'ai adoré la demi-heure qui a suivi. On était seules au milieu des bois ; Zoé décrivait la femme et je la représentais en suivant ses instructions.

C'était tellement bien de se retrouver !

Quand j'ai fini, elle a examiné mon croquis d'un œil clinique.

– Super ! C'est à peu près ce que j'ai vu.

Le portrait n'était pas parfait, mais certains détails étaient saillants. C'était une femme en léger surpoids avec des cheveux encore plus ébouriffés que les miens. Elle portait autour du cou un collier semblable à l'amulette de Wanda, sauf que le crâne appartenait à un animal différent, une souris peut-être.

– C'est bien elle, a murmuré Zoé en fixant le croquis.

Puis elle a demandé :

– Tu ne la reconnais pas ?

Je l'ai contemplée avec un visage en forme de point d'interrogation. Zoé a désigné ses yeux, qui étaient petits et méchants.

– C'est la fameuse personne qu'on a vue chez Andrea et Laura.

L'espace d'un éclair, le regard mauvais qui m'avait

tant effrayée dans l'obscurité s'est superposé aux yeux que je venais de dessiner.

Un frisson est descendu le long de ma colonne vertébrale. C'était vrai. C'était vraiment elle.

– Fais une recherche d'image, peut-être que tu trouveras quelque chose.

Zoé s'est relevée et a épousseté son jean.

– Je file, sinon Hamilcar va me tuer.

– Ça, je ne le croirais pas, même si je le voyais de mes propres yeux.

– Il est inquiet, lui aussi.

– Pourquoi Catherine ne veut-elle pas que tu enquêtes sur cette affaire ? lui ai-je demandé. Elle était pourtant au courant, pour l'agence !

Zoé a hoché la tête. Mais elle avait l'air embarrassée.

– Alors pourquoi ça la gêne dans ce cas en particulier ?

– Parce que les Janares sont très dangereuses. Ah, au fait...

Elle a sorti un morceau de papier de son jean.

– J'avais pris rendez-vous avec Wanda. Tu vas y aller, toi. Tiens, voilà le lieu et l'heure. Pour lui parler de ce qu'on a découvert sur la sorcière. Peut-être qu'après tes recherches, tu auras quelque chose de plus concret encore à lui dire ?

J'ai acquiescé, et elle a placé le papier dans ma poche.

– Je suis quand même un peu inquiète.

– Pourquoi ? m'a demandé Zoé.

– À propos de cette enquête. Tu t'es plongée dedans à corps perdu. Et puis cette histoire avec Catherine… Tu m'as dit que tu ne voulais pas de mensonges, mais moi, je *sais* que tu me caches des choses. OK, je sais comment tu es, j'accepte. Mais je ne veux pas qu'il t'arrive quoi que ce soit. Et cette Janare…

Zoé a souri.

– Je suis enfermée chez moi, tu as oublié ?

Je ne lui ai pas rendu son sourire.

– C'est bon, Lu, a concédé Zoé en reprenant son sérieux. Je n'aime pas du tout les Janares, c'est pour ça que je fais du zèle. En plus, elles t'ont blessée, et ça, je ne peux tout simplement pas le tolérer.

J'ai senti un élan de fierté au fond de ma poitrine.

– Mais sinon, rien n'a changé. Je suis totalement esprit, et très peu émotion. Comme toujours.

Elle a serré mon bras.

– Faut que j'y aille.

Elle a enfoncé sa tête plus profondément encore dans sa capuche.

– On se tient au courant.

Elle a repassé le portail et disparu dans le jardin. Je me suis retrouvée seule au milieu des bois sous le soleil couchant.

J'aurais vraiment voulu la croire, mais je n'y arrivais pas.

# 12

# LA MYSTÉRIEUSE AMIE

J'ai entamé des recherches le soir-même, scannant le croquis et l'envoyant à Google.

Aucun résultat.

J'ai longuement fixé mon dessin. Une femme en surpoids… de petits yeux méchants… un buisson inextricable de cheveux, si sales qu'on aurait dit une masse d'algues…

Peut-être avais-je la mauvaise approche ? Ce qui était intéressant dans ce croquis, ce n'était pas le visage, mais le collier.

Oui, c'était avec le collier que je devais chercher.

J'ai découpé mon dessin. Je m'apprêtais à faire une autre recherche quand Luke m'a appelée avec le programme qu'on avait utilisé pour communiquer avec Zoé.

– J'ai du nouveau, LuLu ! a-t-il jubilé.

– Moi aussi ! J'ai vu Zoé aujourd'hui, lui ai-je répondu. Mais toi d'abord.

Il était surexcité, ce devait être quelque chose d'important.

– L'« amie » est retournée sur la scène du crime hier soir. Et peut-être même que je sais son nom.

Mon cœur a fait un saut périlleux dans ma poitrine.

– Fais voir !

– Je t'ai envoyé un mail avec des photos.

Ma main a tremblé quand j'ai ouvert la pièce jointe.

Voulait-on vraiment retrouver cette « amie » ? Ou savais-je au fond de mon cœur qu'il valait mieux laisser tomber ?

C'était désormais trop tard pour de tels doutes.

J'ai regardé les photos, et mon cœur a fait un bond dans ma gorge. Je me suis dépêchée de répondre à Luke.

– Je t'ai envoyé un mail moi aussi.

Il lui a fallu quelques minutes pour le recevoir et l'ouvrir.

– What the… a-t-il juré.

On était en train de regarder la même personne, moi sur une photo, lui sur un dessin.

Désormais, on savait qui était l'amie.

J'ai retrouvé Wanda dans le même café que la fois précédente, mais la météo était très différente : il y avait du soleil et il faisait très froid. J'ai commandé un thé en espérant que ça me réchaufferait un peu.

Wanda est arrivée, arborant la même confiance et la même détermination. En plus de ses éternelles lunettes noires, elle portait une jupe d'un rouge flamboyant et une courte veste cintrée assortie, et elle marchait sur une paire de talons vertigineux qui faisaient tic-tac sur le sol en marbre.

Dès qu'elle s'est assise, elle a cependant semblé décontenancée.

– Il n'y a que toi, ma chérie ?

– Zoé n'a pas pu venir.

Elle a légèrement resserré ses lèvres.

– Peut-être que tu n'aurais pas dû venir non plus.

Elle a fait un signe de tête au serveur et commandé le même vin que la fois précédente.

– Je suis parfaitement capable de gérer la situation toute seule, ai-je répliqué, un peu vexée.

– Oh, ma chérie ! Je ne remettais pas ta compétence en question. C'est juste que je connais bien Catherine. Et je n'ai pas envie de me dresser contre elle.

– Personne ne saura rien de notre entrevue.

– Hmmm…

Elle a saisi le verre qu'on venait de lui apporter.

– Faisons vite.

J'ai sorti la photo de l'amie capturée par les pièges à caméra. Elle avait vraiment l'air d'une folle : cheveux en bataille, lunettes de soleil gigantesques à monture fuchsia et en forme de cœur.

Wanda a jeté un rapide coup d'œil avant de la retourner, nerveuse.

– Range ça. Vite.

– Selon les informations qu'on a recueillies, cette femme s'appelle Albina Ferri. Tout le monde l'appelle « la Mangeuse de chats », à cause de son pendentif qui a une forme de crâne de chaton. C'est une vagabonde qui traîne dans le coin, la plupart des gens disent qu'elle est inoffensive, mais, apparemment, elle a fait de la prison pour tentative d'enlèvement. Pour moi, l'histoire s'arrête là. Mais pas pour Zoé.

Elle m'a regardée avec intensité à travers ses verres noirs.

– Pour elle aussi, il serait bon qu'elle s'arrête là.

Elle a pris une longue gorgée de vin.

– Que veux-tu savoir ?

<< 456789 >>

– Est-ce une Janare ?

Wanda a gardé le vin en bouche pendant un long moment avant de l'avaler. Puis elle a reposé le verre et en a caressé le bord avec son doigt.

– Oui. Son nom de sorcière est Adelgarda. À l'origine, c'est une sorcière blanche, comme moi. Elle n'a jamais été une Janare très puissante, mais elle avait sa place dans la Congrégation. Et puis, il y a dix ans, elle s'est liée d'amitié avec une humaine avec qui elle travaillait dans une maison d'édition. Or, cette « amie » a abusé de sa confiance pour lui piquer une promotion qui lui revenait de droit. Adelgarda ne l'a pas bien pris du tout – et elle l'a tuée avec un filtre. Tu comprendras qu'après un tel acte, il n'y avait plus de place pour elle au sein de la Congrégation. Elle s'est retrouvée en centre de rééducation de l'IAPAC. Quand elle en est ressortie, elle n'avait plus rien. Elle s'est tournée vers le Sabbat – en vain. La haine que les Janares vouent aux sorcières blanches est trop profondément enracinée. Elle est donc restée une criminelle, car les Janares prennent soin de ne pas titiller l'IAPAC. En bref, tout le monde l'a rejetée. Depuis, elle vit en marge de la société. Une triste histoire.

– Vous êtes sûre qu'elle n'a aucun lien avec le Sabbat ? ai-je insisté.

Je le répète : pour moi, tout cela, ça reste du grand n'importe quoi. Ces gens sont juste des barges qui se prennent pour des sorcières et organisent des sociétés secrètes.

– Pas que je sache. Et je sais beaucoup de choses, ma chérie. La Congrégation et le Sabbat se maintiennent l'un l'autre à bonne distance. Adelgarda est un électron libre.

Cela m'a un peu détendue. Cela signifiait qu'on avait affaire à une simple folle isolée.

– Il y a une chose que je ne m'explique pas, ai-je dit doucement.

Wanda m'a interrogée du regard.

– Quoi donc, chérie ?

– Pourquoi Zoé en veut-elle autant aux Janares ?

– Pose-lui la question, a-t-elle dit avec prudence.

– Elle ne me répond pas.

– Et pourquoi penses-tu que je le ferai ?

– D'accord, j'ai soupiré, j'ai compris.

J'allais me lever quand elle m'a arrêtée en posant bruyamment son verre vide sur la table.

– Ce ne sont pas mes oignons, et je n'ai jamais voulu être impliquée dans cette histoire. C'est l'affaire de Catherine, pas la mienne. Mais… il y a un passif entre Zoé et les Janares.

Je me suis rassise.

– Sous quelle forme ?

Wanda m'a longuement contemplée, comme réfléchissant à ce qu'il était opportun ou non de me révéler.

– Ça a un rapport avec ses parents, a-t-elle dit finalement.

– Comment ça ?

– Écoute, ma chérie, c'est à ton amie de voir si

elle veut te dévoiler son passé. Je ne suis pas une commère.

– Désolée, me suis-je empressée de dire. C'est juste que je m'inquiète pour Zoé.

Wanda s'est autorisé un demi-sourire.

– Chérie, si Catherine t'a permis d'approcher Zoé, c'est parce que tu la protèges, en quelque sorte.

J'étais sans voix.

– Moi ? Mais... comment ? ai-je bégayé.

– En restant auprès d'elle. C'est ce dont elle a besoin. Et toi aussi, n'est-ce pas ?

Elle m'a adressé son premier sourire sincère depuis notre rencontre. J'ai légèrement rougi. Elle s'est redressée et a posé dix euros sur la table.

– Bonne chance !

Et elle est partie comme elle était arrivée, suivie du tic-tac de ses talons.

# 13

# PLAN D'ATTAQUE

Quand je me suis connectée à Luke et à Zoé ce soir-là, j'avais le moral dans les chaussettes. La discussion avec Wanda ne m'avait pas rassurée, loin de là. Elle avait confirmé mes soupçons sur Zoé et les Janares. J'étais censée représenter une forme de protection, mais cela ne me consolait pas beaucoup, car je n'avais pas une confiance illimitée en mes capacités.

J'ai repoussé l'appel aussi longtemps que possible. Après tout, l'IAPAC s'était emparée de l'affaire, ils pouvaient bien se débrouiller sans nous.

« Oui, mais s'ils éliminaient Laura ? me répétait une petite voix. Ils sont prêts à tout pour garder leurs activités secrètes ; or, la sœur d'Andrea en sait trop, désormais. »

Et puis, je n'avais pas envie de mentir à nouveau à Zoé. Je lui avais promis de tout lui dire. Et donc, vers onze heures, après avoir fait semblant d'aller au lit, j'ai appelé Zoé et Luke.

Mon amie s'était calfeutrée sous son drap. Elle m'a adressé un sourire fatigué.

– Toujours barricadée dans la maison ? lui ai-je demandé.

– Toujours…

Elle a soufflé et commencé à se ronger l'ongle de son index.

– La geôlière m'a même enlevé mes sucettes.

Luke est apparu peu après, un sourire fanfaron aux lèvres.

– J'ai une grande nouvelle ! Alors…

– Attends, l'ai-je coupé. Avant tout, j'ai besoin que Zoé me fasse une promesse.

Zoé m'a interrogée du regard.

– Jure que tu n'iras pas, j'ai dit.

– Hein ?!

– Le bras armé, dans cette affaire, c'est Luke et moi. Toi, tu en es le cerveau. Et tu n'entres pas dans la phase finale.

– Lu, réfléchis : je suis enfermée à la maison, avec la geôlière qui ne me lâche pas d'une semelle et Hamilcar qui joue au garde-mioche. Explique-moi comment je pourrais ne serait-ce que rêver de constituer autre chose que le « cerveau » de la bande ?

Elle a mimé des guillemets avec ses doigts.

– Je sais ce que ça représente, Zoé.

Les lèvres de Zoé sont instantanément devenues très fines.

– Comment ça ?

– Wanda m'a expliqué que c'était très personnel, pour toi, cette histoire avec les Janares.

Zoé a pâli davantage encore.

– Merci, Wanda… a-t-elle sifflé.

– Mais ce n'est pas le sujet, me suis-je empressé d'ajouter. De fait, je préfère que tu restes en dehors de tout ça d'une manière générale. Parce que toi, tu es impliquée. Pas moi.

– Dans ce cas, je te rappelle qu'Albina t'a enlevée.

– Ce n'est pas la même chose.

– Heu… a glissé Luke, vous préférez que je vous laisse et j'aille jouer à Red Dead Redemption 2 ?

– Bon : promets-nous de nous laisser faire, Zoé, et je te dirai ce qu'on a découvert, ai-je alors poursuivi.

Zoé s'est mordu l'intérieur de la joue.

– Si tu ne promets pas, on ne te dira rien.

– Tu es mon assistante, il devrait y avoir de la confiance entre nous, a prononcé Zoé d'un ton glacial.

– Je veux juste te protéger.

– Je ne peux pas sortir de chez moi de toute façon ! a-t-elle protesté.

Puis, après une pause, elle a capitulé.

– Bon, comme tu veux.

Je me suis sentie un peu mieux. J'avais espoir dans le fait que Zoé se sente trop coupable pour briser une promesse. Serait-ce une garantie suffisante pour la maintenir hors-jeu ? Pas sûr. Mais c'était mieux que rien.

Je lui ai donc parlé du rendez-vous avec Wanda.

Zoé a longuement réfléchi.

– Donc le Sabbat serait totalement étranger à cette histoire, a-t-elle murmuré.

– Apparemment.

– Pas convaincue ? est intervenu Luke.

– Je ne comprends pas ce que quelqu'un comme Albina ferait de Laura... Avec le Sabbat dans le tableau, c'était logique : n'ayant pas réussi à l'attraper enfant, ils retentent le coup quand elle est grande, même si cela signifie la guerre. Mais Albina ?

Je n'y voyais pas plus clair qu'elle. Mais à dire vrai, cela ne m'intéressait pas vraiment. Ou plus exactement : si, cela m'intéressait parce que j'avais toujours aimé résoudre des problèmes avec Zoé.

Mais, cette fois, c'était différent. Je voulais simplement sauver Laura et ressortir de cette histoire le plus vite possible. Depuis que mon regard avait rencontré celui d'Albina, lors de cette fameuse nuit dans la chambre d'Andrea et Laura, la peur ne me lâchait plus.

– Peut-être qu'Albina est liée à la famille Izzo d'une manière ou d'une autre ? Elle veut peut-être se venger d'eux ? Peut-être qu'il y a un lien de parenté entre la famille de Laura et la fameuse collègue qu'Albina a empoisonnée ? a avancé Luke.

– Peut-être, a dit Zoé, clairement peu convaincue.

– Quoi qu'il en soit, a repris Luke, j'ai pas mal de nouvelles de mon côté.

Une fois l'amie découverte, Luke s'était caché quelques jours sur le Tusculum pour suivre ses mouvements.

– J'ai sué sang et eau, mais j'ai réussi à établir où elle se cache. À la Grotticelle !

Luke semblait très fier.

– Ben, évidemment, a rétorqué Zoé.

– Comment ça, évidemment ? s'est agacé Luke. Tu n'as aucune idée de l'effort que j'ai fourni pour la suivre, de nuit, au beau milieu de la forêt ! Je te rappelle qu'il y a des loups, dans le Tusculum !

– Il n'y a pas eu une seule attaque de loup sur un humain en Italie depuis des temps immémoriaux.

– Heu… je les ai interrompus, un peu gênée. Vous pourriez me dire ce que c'est, la Grotticelle ?

Secouant ses cheveux, Zoé les a arrangés derrière ses oreilles.

– C'est un ancien site archéologique situé entre le Mont Cavo et le Mont Maschio delle Faete, les deux plus hautes montagnes de la région.

Papa et moi allions parfois nous promener en forêt, mais je n'en avais jamais entendu parler.

– Il s'agit de tombes préhistoriques creusées dans la lave, datant apparemment d'au moins 2 500 ans avant Jésus-Christ.

– Et pourquoi est-ce évident pour toi qu'Albina se cache là ? ai-je insisté.

– Les Janares ont une relation profonde, quasi symbiotique, avec la nature. Elles aiment les endroits souterrains, surtout s'ils sont sacrés. Le Monte Cavo était sacré pour les Romains ; et souvent ce caractère sacré se transmet de siècle en siècle : là où il y avait un temple, il y a ensuite une église – et ainsi de suite.

– Tu es en train de me dire que dans le monde il y a des endroits magiques, ou quoi ? ai-je demandé.

– En quelque sorte, oui.

Je suis restée silencieuse.

– Wanda ne me semble pourtant pas très connectée à la nature, ai-je finalement objecté.

– Les sorcières blanches sont un peu différentes, surtout celles qui, comme Wanda, vivent parmi les humains.

Il y avait pas mal de choses que je ne savais pas et que j'aurais dû étudier.

– Tu penses que Laura est tenue prisonnière là-bas ? j'ai demandé à Luke.

– Je n'en suis pas certain, mais j'ai vu Albina entrer dans la grotte avec de la nourriture et ressortir sans…

J'ai soudainement eu froid. Résumons donc la situation : une femme folle qui se prenait pour une sorcière gardait une fille de mon âge enfermée dans une ancienne tombe préhistorique. Tombe à l'intérieur de laquelle j'étais supposée crapahuter pour libérer la fille en question.

« Tu fais ça pour protéger Zoé, me suis-je dit, me rappelant des mots de Wanda. Tu es son bouclier ».

– Ok, comment on procède ? j'ai demandé, feignant une détermination que je n'avais pas.

J'ai senti le regard de Zoé fixé sur moi. Elle

comprenait certainement que je bluffais à fond mais elle n'a fait aucun commentaire.

– J'ai laissé quelques pièges photographiques, a dit Luke. Je veux étudier ses mouvements, voir si elle a des horaires fixes. Une fois qu'on aura établi quand elle y est et quand elle n'y est pas, on ira chercher Laura.

– Et Albina, on en fait quoi ? ai-je demandé.

– Et après, c'est soi-disant moi qui prends les choses trop à cœur ? a dit Zoé. Tu veux commencer à chasser les sorcières renégates, maintenant ?

Je me suis mordu la lèvre.

– Je vous conseillerais de ne pas vous en prendre à elle, a poursuivi Zoé. Elle reste une Janare, vous ne faites pas le poids face à elle. Et, de toute façon, Andrea nous a prié de lui rendre sa sœur – rien de plus.

J'ai poussé un soupir de soulagement. Avec un peu de chance, je ne croiserais même pas le chemin de cette folle dingo.

– Bon. Comme convenu, on y va, Luke et moi.

– Soyez prudents, a dit Zoé. Cette femme n'a rien à perdre, ce qui la rend très dangereuse. Luke, je compte sur toi.

– Je sais prendre soin de moi toute seule, ai-je répliqué.

– Luke encore plus, a dit Zoé avec un sourire.

Luke n'a pu s'empêcher de glousser.

On a pris congé de Zoé.

J'ai laissé échapper un long soupir.

– *Take it easy*, LuLu ! Je t'ai déjà sauvée une fois, je peux le refaire.

Luke m'a lancé un clin d'œil avant de se déconnecter pour de bon. J'ai coupé la connexion en lui tirant la langue.

En réalité, j'étais extrêmement soulagée qu'il soit là. Car l'angoisse comprimait mes tempes dans un étau qui, je le savais, ne disparaîtrait pas avant la fin de cette histoire.

# 14

# NEIGE

Les jours suivants, j'étais terrorisée.

J'avais tellement insisté pour obtenir la confiance de Zoé, et, maintenant que j'allais agir sans elle, j'avais la trouille.

D'accord, je ne croyais pas qu'il s'agissait d'une sorcière. Mais une folle dangereuse, ce n'est pas beaucoup mieux. Et à en juger par son regard, Albina m'avait clairement semblé appartenir à cette catégorie. Rationnelle comme je suis, j'ai toujours été plus effrayée par les menaces concrètes que par les monstres. Bon, d'accord, sauf une fois à l'âge de six ans où je m'étais mis dans la tête qu'il y avait un fantôme dans ma chambre et je m'étais accrochée à papa comme une moule à son rocher. Mais depuis, j'avais peur du réchauffement climatique, de la guerre, des maladies, des choses comme ça.

Et donc aussi des folles aux cheveux ébouriffés qui se prennent pour des sorcières.

– Et à la fin, on appelle l'IAPAC pour qu'ils s'occupent d'Albina, concluait toujours Luke pendant nos appels, un sourire confiant aux lèvres.

Zoé, en revanche, n'était pas tranquille du tout. Chaque fois qu'on se parlait, elle disait :

– Faites attention. Ne prenez aucun risque. Si vous croisez Albina, fuyez sans vous retourner.

– T'as pas besoin de me le répéter dix fois, je lui répondais.

Et puis, finalement, un vendredi soir, Luke m'a appelée pour m'annoncer :

– On y va demain après-midi.

Mon cœur a fait un triple salto dans ma poitrine. Au moins, c'était l'après-midi et non pas la nuit. C'était déjà ça.

– Mais tu es vraiment sûr qu'elle n'y sera pas ?

Je n'arrivais pas à prononcer son nom.

– J'ai étudié ses déplacements, elle vient toujours le soir. Zoé attendra notre signal par SMS pour alerter l'IAPAC. Et c'est eux qui s'occuperont d'Adelgarda. Tout ira bien, LuLu. Sois juste prête à trois heures et demie.

Papa n'était pas ravi ravi d'apprendre que j'étais de nouveau de sortie avec Luke. Il a fait tout un tas d'histoires, ne capitulant que lorsque j'ai prétendu que Luke était censé m'aider pour un devoir de géographie.

Quand Luke est arrivé avec sa mobylette, papa lui a fait subir un interrogatoire serré, auquel Luke s'est soumis avec une patience admirable. Oui, on allait chez Zoé ; oui, il me ramènerait à la maison au plus tard à 18h30 tapantes ; oui, il avait un deuxième casque ; oui, il conduirait lentement.

Papa lui a lancé un dernier regard assassin avant de se tourner vers moi et de me planter un baiser sur la joue.

– Sois sage.

Pendant un moment, je me suis demandé s'il insinuait quelque chose. L'image de Luke et moi nous embrassant à la face du soleil couchant sur Rome s'est imposée dans mon esprit, me faisant rougir jusqu'à la racine des cheveux. J'ai rapidement enfilé mon casque.

– Bien sûr, ai-je marmonné.

Dès qu'on a été hors du champ de vision de papa, Luke a accéléré pour revenir à sa conduite sportive habituelle.

On a quitté la ville en prenant la direction de la forêt. Le ciel était blanc, l'air sentait la glace. Juste avant la maison de Zoé, les premiers flocons ont commencé à tomber sur la visière de mon casque. On est passés devant chez elle à toute vitesse. J'aurais tellement eu envie de m'arrêter, d'aller la voir et de savourer un chocolat chaud d'Hamilcar.

On a progressé plus avant dans les bois, empruntant autant que possible des routes goudronnées. Les flocons grossissaient et la neige commençait à prendre racine.

En d'autres circonstances, j'aurais été ravie. En général, quand il neige, je suis en transe. Mais là, je me disais au contraire qu'en cas de danger, personne ne viendrait nous chercher. Je frissonnais, et je ne savais pas si c'était à cause du froid ou de la peur.

Luke s'est immobilisé à l'entrée de la Via Sacra. L'intersection des grandes pierres de basalte était marquée par la neige.

Il a retiré son casque.

– On continue à pied.

J'ai hoché la tête. Il m'a regardée plus intensément.

– Pas d'inquiétude, Albina n'est pas là.

J'ai encore une fois approuvé de la tête, mais je ne devais pas paraître très convaincue.

– Tu n'es pas excitée à l'idée de pénétrer dans l'antre d'une sorcière ?! a-t-il lancé avec enthousiasme, comme si on faisait une excursion avec l'école.

J'ai tenté un sourire qui devait plutôt ressembler à une grimace. Luke a ri de ma réaction. J'ai ressenti très fortement la tentation de prendre sa main. Il régnait alentour un silence surnaturel, de ceux qui n'existent que lorsqu'il neige.

Ç'a été une randonnée pure et dure, comme celles que je fais avec papa en haletant comme un bœuf. Je ne suis décidément pas la plus grande sportive devant l'éternel.

On est passés d'un sentier à l'autre, s'engouffrant dans les fourrés, progressant d'une manière qui me paraissait parfaitement aléatoire.

– On est perdus, pas vrai ? ai-je soudain demandé.

– Crois-moi, je connais cette route comme ma poche. Je jouais tout le temps ici, petit.

Bah, bien sûr. Quel meilleur endroit pour jouer qu'une tombe préhistorique !?

Petit à petit, on a commencé à apercevoir de gros blocs de roches volcaniques, qui semblaient avoir été jetés çà et là par un géant. Peu de gens le savent, mais les monts Albains forment un énorme volcan endormi qui, dans un jour très, très lointain, pourrait se réveiller.

Luke s'est tapi derrière l'un des plus gros rochers, et je l'ai imité. La neige tombait toujours ; partout alentour, le sol était désormais recouvert d'une couche blanche.

Luke s'est penché pour observer quelque chose. J'ai suivi son regard. Devant nous, il y avait une sorte d'éboulis, probablement les restes d'une ancienne éruption. Derrière, la roche était taillée par ce qui ressemblait à deux conduits parallèles. Au fond de chacun d'entre eux se trouvait une ouverture rectangulaire surmontée d'une poutre. Au milieu de tout ce blanc, on aurait dit les trous noirs d'un crâne. J'ai instantanément ressenti la même terreur que lorsque j'avais vu Albina la première fois. Elle était là ! Peut-être pas en chair et en os (du moins je l'espérais), mais son esprit.

– C'est la tombe de gauche, a chuchoté Luke tout en jetant des regards rapides autour de lui.

J'ai frissonné. C'était encore le milieu de l'après-midi mais la lumière déclinait déjà.

On est restés un long moment immobile.

– Pourquoi on attend là si tu es sûr qu'Albina n'est pas à l'intérieur ? ai-je demandé, d'une voix légèrement tremblante.

– Juste pour m'en assurer une dernière fois.

Luke ne semblait pas très à l'aise non plus. J'ai perçu une hésitation dans sa réponse. Enfin, il s'est redressé, et je l'ai suivi.

Il s'est avancé vers l'ouverture de gauche. Ses pas crissaient sur la neige. Sans s'arrêter, il s'est baissé et s'est glissé à l'intérieur du conduit comme si c'était la chose la plus naturelle au monde. J'ai hésité. Même à quelques pas de là, l'obscurité qui se dégageait de la tombe était totale.

Je ne distinguais rien de ce qu'il y avait à l'intérieur. Pourtant, Luke avait probablement allumé une torche, mais c'était comme s'il y avait un trou noir capable de dévorer la lumière.

J'ai dégluti, attentive à la grosse boule qui obstruait ma gorge. Puis, en un pas, je me suis retrouvée à l'intérieur.

Aussitôt, je me suis retournée. De l'entrée, je voyais un aperçu de la forêt enneigée, les feuilles sèches, sur le sol, disparaissant lentement sous le manteau neigeux, les arbres gris, droits et immobiles… Dehors, tout semblait lumineux. De l'autre côté, en revanche, il n'y avait que les ténèbres, une odeur de mousse et de moisissure.

– LuLu ! a chuchoté une voix.

Rassemblant mon courage, je me suis avancée dans l'obscurité.

# 15

# L'ANTRE

Luke se tenait quelques mètres devant moi, une torche à la main. Elle était si longue qu'en cas de besoin, on aurait pu s'en servir comme d'une batte. Cette pensée m'a légèrement réconfortée.

L'intérieur de la crypte était cependant très sombre, la lumière trop faible. Luke m'a tendu une seconde torche, un peu plus petite. Mais cela n'a pas changé grand-chose.

On a quand même pu établir qu'on se trouvait dans une pièce voûtée et semi-circulaire. Elle n'était pas minuscule, mais tellement basse de plafond qu'on devait plier les genoux. Aucun squelette à l'horizon, mais la simple pensée qu'il pût y en avoir a suffi à me terrifier.

J'ai commencé à claquer des dents.

– Tu as froid ? a demandé Luke calmement.

J'avoue : à cet instant précis, je lui aurais volontiers refilé mon poste d'assistante à l'agence. Moi, je me serais bien vue dans le rôle de la secrétaire, derrière un joli bureau, bien au chaud et en sécurité.

– Un peu, ai-je répondu en frissonnant.

Il faisait bel et bien un froid de canard. Et dans ma tête a commencé à défiler un scénario de mauvaise série télévisé, dans lequel la neige finissait par recouvrir complètement l'entrée et bloquer toutes les issues.

– En tout cas, je ne m'attendais pas à ça.

Luke a désigné quelque chose avec sa torche. Un petit cri de surprise m'a échappé. Devant nous, au fond de la grotte, s'ouvraient deux passages souterrains. Allait-on devoir se séparer pour les explorer ? À l'idée de pénétrer seule là-dedans, j'étais terrorisée.

– On peut les fouiller ensemble l'un après l'autre, a proposé Luke, sentant probablement mon désarroi.

J'ai cependant secoué la tête, fidèle à mon esprit rationnel.

– Non. Ça ira plus vite si on se sépare. Je prends à droite.

Après tout, moins on perdait de temps, moins on risquait de rencontrer Albina. Or, l'idée de me retrouver nez à nez avec elle était pire encore que crapahuter seule dans le noir.

Luke m'a souri.

– Tu es géniale.

Au moment où il allait se glisser dans le souterrain de gauche, je l'ai cependant arrêté.

– Tu pourras m'appeler de temps en temps ?

Il a levé son pouce en l'air.

J'aimerais pouvoir dire que j'ai traversé le souterrain avec rationalité, sérénité et sang-froid, forte du fait qu'on était deux, que ce n'était qu'une ruine préhistorique, qu'il n'y avait rien à craindre… Mais en réalité, je n'ai jamais été aussi effrayée de toute ma vie. Plus je progressais à quatre pattes dans ce satané boyau, plus il rétrécissait et l'air y devenait étouffant. Je n'entendais plus que ma propre respiration haletante. Je me suis vraiment dit : Plus jamais. La prochaine fois, j'enverrais Luke seul. Non : je convaincrais Zoé de fermer l'agence et de se lancer dans la broderie.

Mais je l'ai quand même fait. Parce que je suis Lu de Zoé & Lu Investigations, et qu'au fond, tout au fond, bien caché sous deux milliards de couches de pure terreur, j'étais curieuse de savoir comment cette histoire allait se terminer.

Au bout d'un moment, je me suis retrouvée face à un nouveau carrefour.

– Luke ! ai-je crié de tout mon souffle. Il y a une bifurcation !

Il lui a fallu un an pour me répondre – et sa voix m'a paru si lointaine !

– Prends toujours à droite.

J'ai obtempéré. Par chance, la galerie de droite s'est aussitôt révélée être une impasse. Revenant en arrière avec un soupir de soulagement, j'ai emprunté l'autre conduit, qui s'est considérablement élargi, au point que j'ai pu me remettre debout.

Mais au bout de quelques mètres, je suis restée figée sur place. Quelque chose pendait du plafond. J'ai levé la torche.

Le sang s'est glacé dans mes veines.

Des fétiches ! La tête était formée d'un morceau de tissu blanc bourré de paille, tandis que de l'extrémité inférieure pendaient des plumes et des os minuscules. Mes pieds ont instinctivement fait trois pas en arrière. Je me suis forcée à les arrêter.

« Bon sang, Lu ! Allez ! »

– Par ici, Luke ! j'ai crié.

Aucune réponse.

J'ai repris mon avancée. Plus vite je trouverais Laura, plus vite on pourrait repartir.

Le souterrain a finalement débouché sur une pièce circulaire, taillée dans la roche. Du plafond pendaient des bibelots de toutes sortes : d'autres fétiches, des os, des peaux, des bouquets d'herbes et de carillons. Il y avait aussi des cloches qui se balançaient doucement.

Aucun souffle d'air.

La pâle lueur fantomatique de ma torche plongeait la scène dans une atmosphère de film d'horreur. J'étais paralysée de terreur. Puis j'ai vu que quelque chose gisait sur le sol.

C'était une jeune fille blonde. Elle avait les pieds et les mains liés, la bouche bâillonnée. Elle semblait dormir. Posés à ses côtés, deux fétiches, semblables à ceux que j'avais eu l'impression de voir quand j'avais été capturée.

J'ai sorti un sac de poudre rouge et je me suis approchée du premier fétiche – en l'évitant du regard parce qu'il m'épouvantait.

« Il ne peut pas bouger et te faire du mal, Lu. Et puis, tout ça c'est du grand n'importe quoi, de toute façon ».

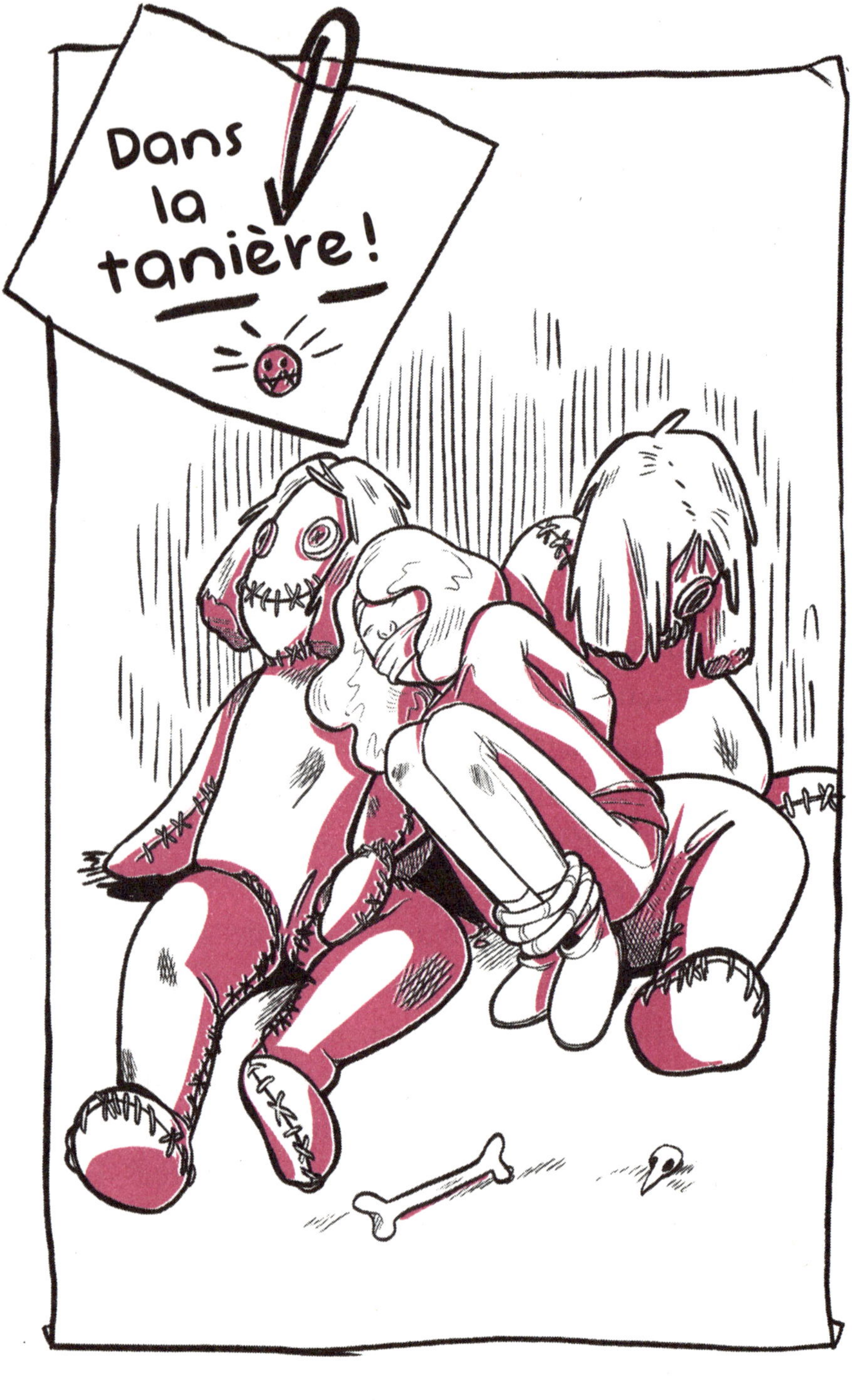
Dans la tanière !

C'est vrai, quoi, je ne crois pas à ces choses-là !

J'ai tracé le pentacle sur le sol de la grotte, comme je m'y étais entraînée les jours précédents. Ce faisant, je repensais aux explications fumeuses de Zoé.

– C'est un genre de sort d'immobilisation. Les fétiches ne peuvent pas traverser les barrières ainsi tracées.

– Les sorts n'existent pas, avais-je objecté.

– Si tu le dis. N'empêche que si tu en as besoin, utilise-le.

Après avoir terminé le premier pentacle, j'ai levé la tête vers la poupée. À la place des yeux, elle avait deux boutons hideux, l'un noir percé de quatre petits trous, l'autre mi-brun, mi-doré. Elle semblait loucher, et ce détail la rendait plus terrible encore. Elle était parfaitement immobile.

Je me suis dirigée vers l'autre fétiche et j'ai commencé à tracer le second pentacle. C'est alors que la fille blonde a commencé à gémir. Elle se réveillait.

Je me suis approchée d'elle, le doigt sur la bouche.

– Ne fais pas de bruit, lui ai-je chuchoté.

Puis, lentement, j'ai enlevé son bâillon et l'ai détachée. Laura m'a semblé complètement différente de la fois où je l'avais rencontrée avec Andrea.

Surtout, elle était morte d'épouvante. J'ai tenté de la rassurer en devançant ses questions.

– C'est ton frère qui m'envoie. Je vais te ramener chez toi. N'aie pas peur. Je sais comment neutraliser la personne qui t'a kidnappée.

Techniquement, ce n'était pas vrai. D'ailleurs, le plan génial élaboré par Luke et moi était basé sur l'hypothèse qu'Albina ne reviendrait qu'après notre départ et que je n'aurais pas à me confronter à elle.

– Ne me laisse pas tomber ! m'a implorée Laura. Je deviens complètement folle ! Il n'y a que des choses délirantes, ici !

Et elle s'est accrochée à moi dans une étreinte désespérée.

Je l'ai remontée avec difficulté et l'ai traînée au-dehors. Elle semblait très faible. J'aurais voulu prévenir Luke, mais depuis que j'avais vu les deux fétiches, j'avais peur de crier.

Malgré mon sens de l'orientation déplorable, j'ai réussi à parcourir le chemin vers la mobylette en sens inverse. J'étais tellement pressée de partir d'ici que je voyais l'itinéraire en esprit, comme dans les jeux vidéo où il suffit d'appuyer sur un bouton pour contrôler où on est et où on veut aller.

Au bout d'un moment, une faible lumière est apparue devant moi. J'étais sur le point de crier « Luke ! » quand j'ai entendu une forte détonation.

Et soudain, tout est devenu noir.

# 16

# L'ÉPREUVE DE FORCE

ZOÉ !!!!
LIBÈRE-MOI !
IL N'EN EST PAS QUESTION !
DERRIÈRE LES BARREAUX : VOILÀ L'ENDROIT POUR TOI ET LES GENS COMME TOI !
TU AS FAIT ÇA POUR LE COMPTE DU SABBAT !
LE SABBAT N'Y EST POUR RIEN !

C'EST CE QUE TU VEUX ME FAIRE CROIRE, MAIS C'EST POUR LEUR COMPTE QUE TU AS ENLEVÉ LAURA ! LE SABBAT NE SUPPORTE PAS L'INTERDICTION DE REPRENDRE LES FILLES QUI LUI ONT ÉCHAPPÉ DANS LE PASSÉ !
LE SABBAT RESPECTE LA RÈGLE PARCE QU'IL NE VEUT PAS D'UNE GUERRE OUVERTE AVEC L'IAPAC, MAIS IL LA CONTOURNE DÈS QU'IL LE PEUT. ET TOI, TU AS PENSÉ JUDICIEUX D'AGIR DE TON PROPRE CHEF ET DE LEUR REMETTRE LAURA.
TU ESPÉRAIS AINSI ÊTRE ADMISE DANS LE SABBAT ET NE PLUS ÊTRE UNE PARIA.
EUX, ILS T'ONT LAISSÉ FAIRE. SI TU AVAIS RÉUSSI, ILS T'AURAIENT ACCUEILLIE, SINON, EH BIEN, ILS T'AURAIENT LARGUÉE SANS PROBLÈME.
MAIS QUAND ON EST ENTRÉES EN SCÈNE, L'IAPAC A FLAIRÉ QUELQUE CHOSE ET TU N'AS PAS PU CONCLURE TON MARCHÉ. C'EST BIEN ÇA ?
TU ES AUSSI INTELLIGENTE QU'ON LE PRÉTEND... MAIS TOUT EST BIEN QUI FINIT BIEN : TU AS REPRIS LA FILLE. MAINTENANT, LIBÈRE-MOI.
PAS AVANT QUE TU M'AIES DIT LA VÉRITÉ !

C'EST QUI ?
HAHAHA ! TU N'ES PAS DIFFÉRENTE DE MOI, ZOÉ SORRENTINO.
TOI AUSSI, TU AGIS POUR TE VENGER ET TU UTILISES LES AUTRES À TES FINS...
C'EST QUI ?
JE NE SAIS PAS, ET MÊME SI JE LE SAVAIS, JE NE TE LE DIRAIS PAS. TU PUES LA CONGRÉGATION...
... ET POUR RIEN AU MONDE JE N'AIDERAIS QUELQU'UN QUI EST DE MÈCHE AVEC CES HYPOCRITES SORCIÈRES BLANCHES. TU NE LE SAURAS JAMAIS, ZOÉ, JAMAIS !

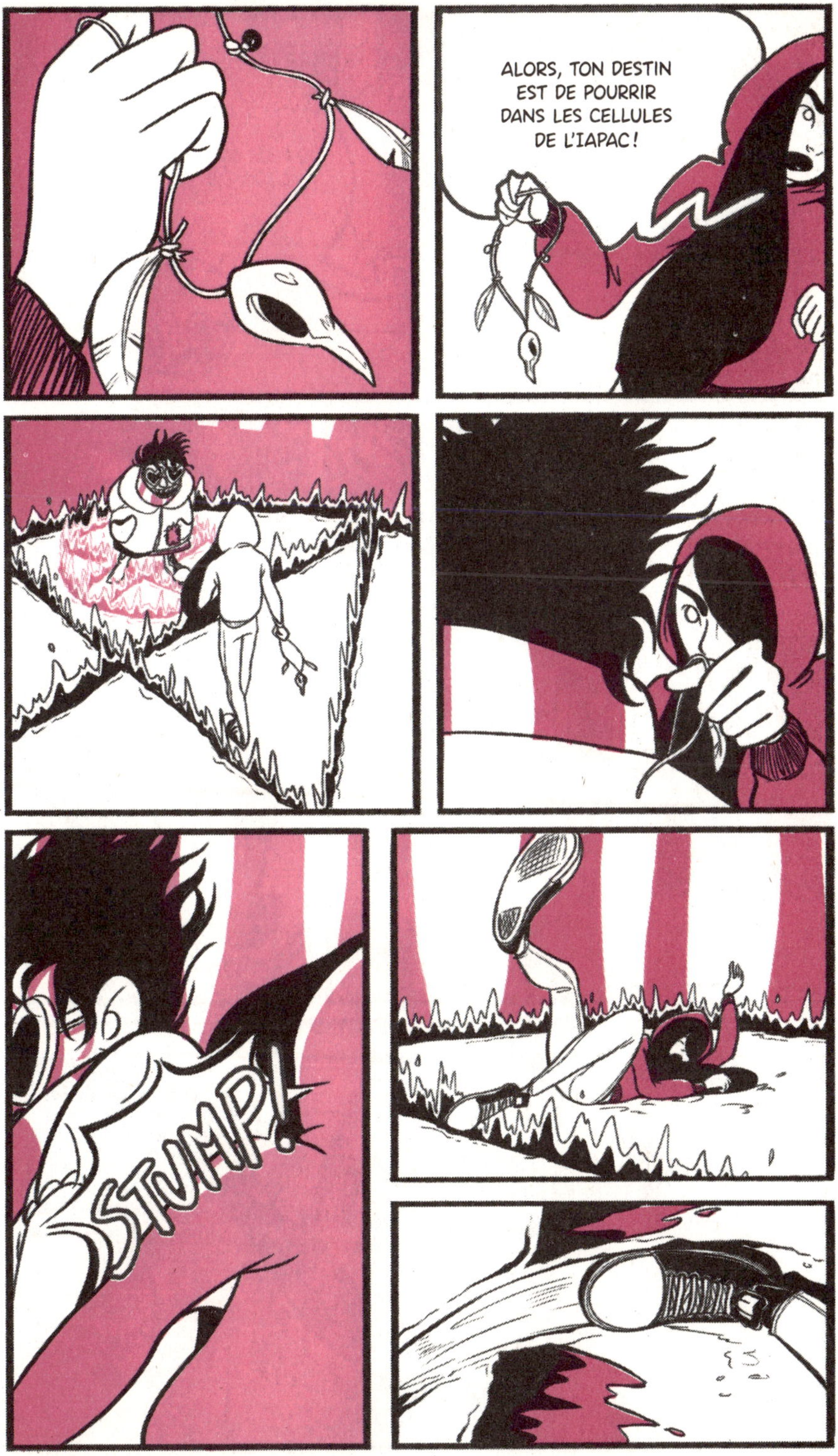
ALORS, TON DESTIN EST DE POURRIR DANS LES CELLULES DE L'IAPAC !
STUMP !

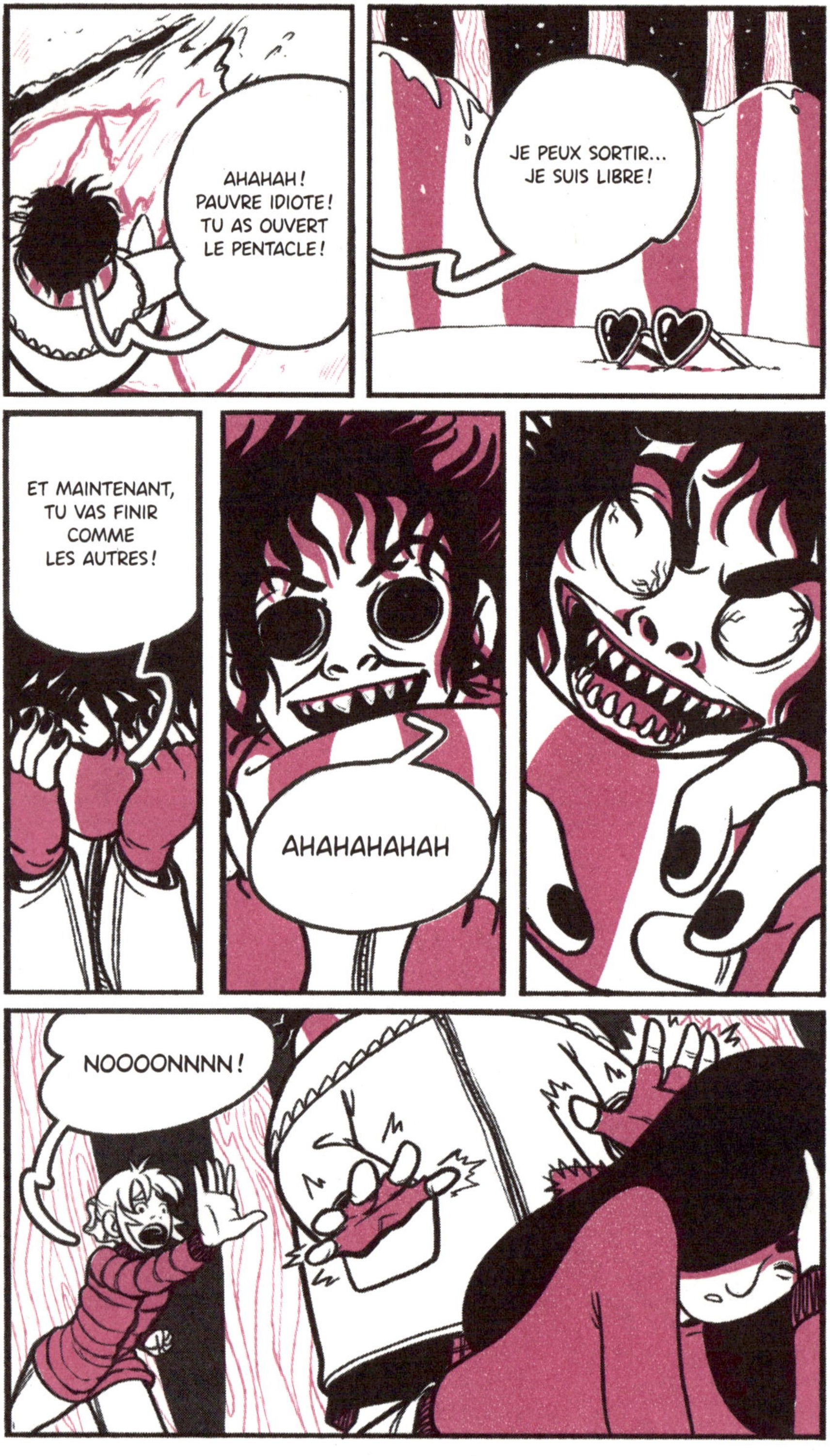
AHAHAH ! PAUVRE IDIOTE ! TU AS OUVERT LE PENTACLE !
JE PEUX SORTIR... JE SUIS LIBRE !
ET MAINTENANT, TU VAS FINIR COMME LES AUTRES !
AHAHAHAHAH
NOOOONNNN !

FUIS !
VOUS L'AUREZ VOULU !!!
WRRROOMM!

DÉSORMAIS, C'EST LE SABBAT QUI VA S'OCCUPER DE VOUS !
MAIS... QU'EST-CE QUE...?!

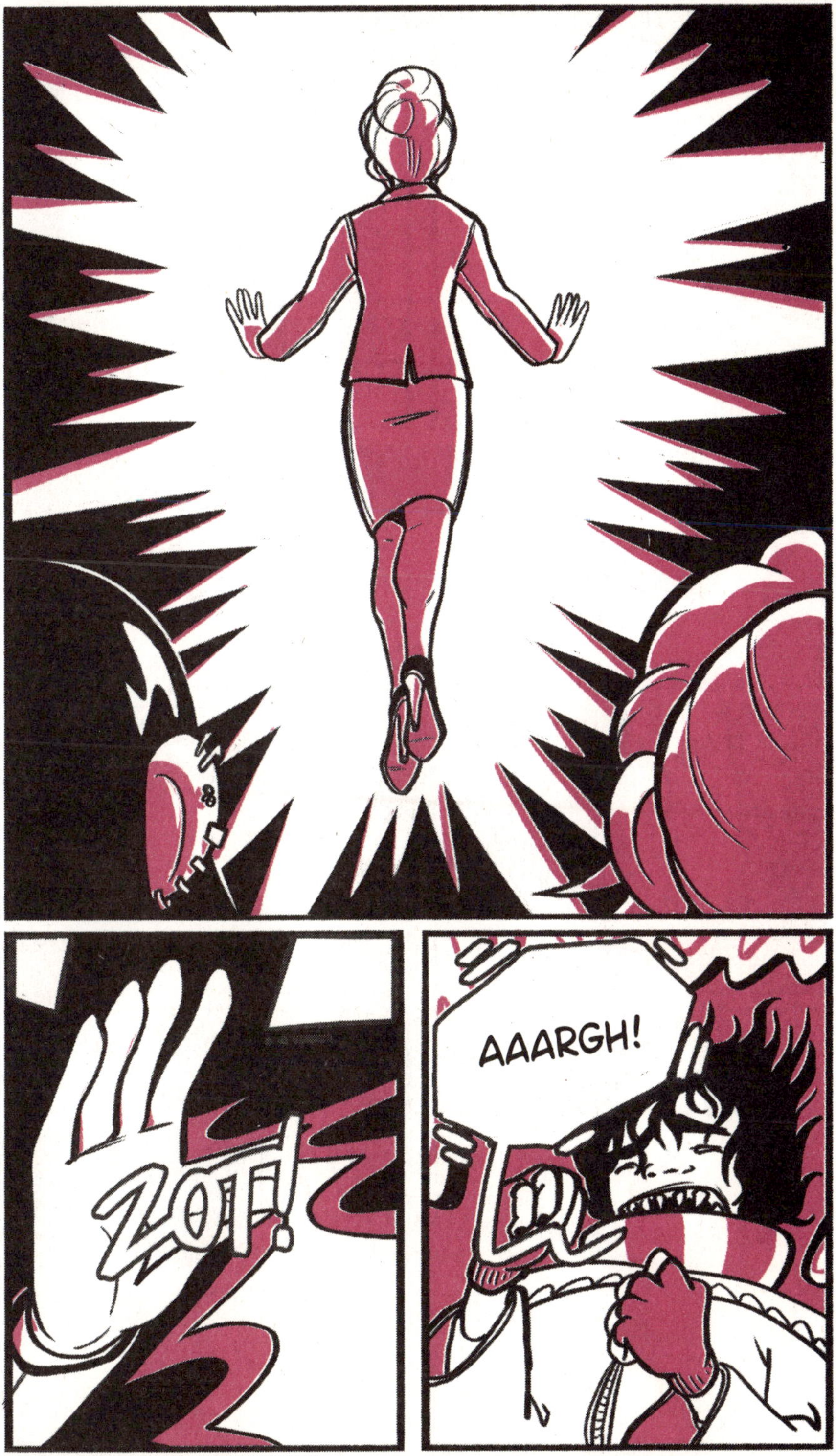
ZOT!
AAARGH!

HERMELINDA
VOUS ALLEZ BIEN ?

# 17

# LA PROMESSE

Quelqu'un m'a prise par les épaules. J'ai bondi comme un ressort.

– C'est moi, LuLu. Tout va bien !

Luke m'a aidée à me relever tandis que Catherine s'occupait de Zoé. Je ne pouvais pas quitter mon amie des yeux. Avais-je vraiment vu ce que j'avais vu, pendant ces dix minutes dans la clairière ? Que s'était-il vraiment passé ?

– L'IAPAC sera là sous peu, a dit Catherine avec un calme glacial, tenant Zoé dans ses bras.

Mon amie était sous le choc. Mais plus encore, elle était hors d'elle. Je le voyais à la façon dont elle évitait le regard de sa tutrice ; ses lèvres s'étaient réduites à une fine ligne.

– Tu t'en occupes ? a demandé Catherine à Luke.

Il a obtempéré d'un signe de tête et s'est approché de Zoé. Puis Catherine m'a prise par l'épaule et forcée à la suivre. On a traversé la forêt enneigée dans un silence anormal. Je me demandais comment elle pouvait ne pas prendre froid, avec sa jupe et ses talons aiguilles, alors que le soleil se couchait et que la température baissait drastiquement.

D'autres questions, autrement plus importantes, se bousculaient follement dans ma tête. Comment nous avait-elle trouvés ? Qui était-elle vraiment ? Qu'allait-elle faire, désormais, avec nous ?

Devant la porte de la maison se tenait Hamilcar, qui a pris la garde de Zoé sans un mot.

– Suis-moi, m'a dit Catherine.

J'ai regardé Zoé monter tristement dans sa chambre. Qu'allait-il se passer, maintenant ?

– Suis-moi, j'ai dit ! a insisté Catherine.

On est allées dans la cuisine et on a gardé le silence pendant un certain temps. Catherine s'est activée aux fourneaux, puis elle a placé devant moi un chocolat chaud à la cannelle et une assiette remplie de biscuits au thé.

Je l'ai regardée. Je ne savais pas ce que je devais penser ou ressentir.

J'étais juste sous le choc.

Catherine s'est assise et m'a contemplée en silence. J'ai pris une gorgée de chocolat parce que je ne savais pas quoi faire d'autre. J'étais amie avec Zoé depuis un moment, et pourtant, je n'avais jamais eu de véritable conversation avec cette femme. À vrai dire, je l'avais très peu vue, car elle était toujours en déplacement pour son travail. Je ne la connaissais qu'à travers le ressentiment de Zoé à son égard. Et cela ne me mettait pas particulièrement à l'aise.

– Je ne pourrai plus voir Zoé, c'est ça ? ai-je finalement demandé.

C'était tout ce qu'il y avait à dire, en fait. On avait désobéi, on avait fait une chose dangereuse. J'étais terrifiée à l'idée que ce soit la fin de tout.

Catherine a détourné le regard.

– Ce n'est pas si simple, Lucia.

– J'ai essayé de la protéger, ai-je tenté d'expliquer. Je l'avais obligée à rester à la maison, et Luke et moi, on...

– Je sais.

Elle m'a pris la main. Son contact était chaud, presque affectueux. Elle ne ressemblait plus à la femme d'affaires hautaine et distante que j'avais toujours imaginée, ni à la tutrice sévère dont Zoé m'avait parlé.

– Mais tu as pris de gros risques, tu comprends ?

– J'ai voulu tenir Zoé à l'écart, ai-je insisté.

Je tenais à ce qu'elle comprenne que je ne constituais pas un danger, au contraire.

– Ce n'est pas là ton devoir.

– Ton amie Wanda m'a dit que j'étais sa protectrice.

Catherine a eu l'air impressionnée. Elle a reculé et s'est adossée à sa chaise avec un soupir.

– Je n'ai jamais su comment gérer Zoé – tu l'as bien senti, je suppose. Elle n'est pas facile à approcher. C'est pour cela que, quand tu es entrée dans sa vie, j'ai été très heureuse.

Ah bon ? Cela ne m'avait pas semblé flagrant. Mais j'ai gardé cette réflexion pour moi.

– Et je l'ai toujours laissé enquêter à sa guise, sachant que c'était important pour elle. En contrôlant la chose de loin, bien sûr, car elle est encore une enfant. Mais ça…

Elle a tapé du doigt sur la table.

– … c'est trop.

J'ai rougi. Franchement, je ne savais pas quoi répondre. Elle avait raison.

– Je ne veux pas vous empêcher de vous voir. Je ne veux pas non plus vous interdire de poursuivre l'agence. Mais il y a des choses que vous devez savoir. Les Janares constituent un grand danger pour Zoé. Un très grand danger. Quand je suis arrivée sur les lieux, tout à l'heure, cette femme était en train de faire quelque chose qui aurait pu te tuer, toi, et condamner Zoé à jamais.

Un long frisson m'a parcouru l'échine.

– Par conséquent, je te demande de me promettre solennellement que c'était la dernière fois. Que si une Janare devait se remettre sur votre route, tu m'en avertirais. Sur le champ. Compris ? Je m'adresse à toi et pas à Zoé – elle ne le ferait pas, c'est plus fort qu'elle. Mais toi, tu as la tête sur les épaules. Promets-le-moi.

J'ai ressenti tout le poids de ce que Catherine me demandait. Zoé n'aurait jamais approuvé. Mais c'était la bonne chose à faire. En s'en prenant à Albina, Zoé s'était énormément exposée. Les Janares, qu'elles soient juste des fanatiques ou de vraies sorcières, étaient dangereuses.

Et je ne voulais pas qu'elles lui fassent du mal.

– D'accord.

– C'est pour son bien.

Je n'avais aucun mal à la croire.

– Je sais.

Catherine m'a souri, puis elle m'a laissé finir mon chocolat, qui m'a agréablement réchauffée, au-dedans comme au-dehors.

Au bout de quelques minutes, j'ai rassemblé mon courage pour lui demander :

– Vous êtes l'une d'elles, n'est-ce pas ?

Elle n'a pas sourcillé.

– Oui.

Tout se mettait en place : les lunettes noires qu'elle portait en permanence, pour cacher ces yeux terribles que j'avais vus devant la Grotticelle et qui m'avaient épouvantée cette fameuse nuit où j'avais rencontré Albina pour la première fois. Son amitié avec Wanda. Et, bien sûr, ce que j'avais vu dans les bois – quand bien même j'appelais cela une hallucination.

– Je sais que tu ne le diras à personne.

Elle m'a souri, puis elle s'est levée.

– Il est tard, et tu dois très fatiguée. Hamilcar va te ramener à la maison.

– Je peux dire au revoir à Zoé ?

– Pas maintenant.

Sa voix s'était colorée de ce froid que je connaissais bien.

– Je ne peux pas laisser passer ça, tu comprends ? a-t-elle ajouté plus doucement. Il faut qu'il y ait une punition. Mais vous vous reverrez, ne t'inquiète pas.

Pendant le trajet en voiture, une profonde lassitude m'a envahie. Tout s'était bien terminé, mais il y avait encore des éléments qui ne collaient pas, et j'aurais voulu en discuter avec Zoé. Et puis la peur battait toujours dans mes veines. Je pensais aux mots de Catherine, à la promesse que je lui avais faite, à ce que j'avais vu dans la clairière. C'était comme quand on a très mal au ventre un jour et qu'on se sent encore fragile le lendemain. L'ombre de cette peur ne m'avait pas quittée.

En même temps, au fond de moi, il y avait quelque chose qui me rassurait. Et c'était Zoé. Si la peur était le prix de notre amitié, eh bien elle le valait. Ma vie était tellement plus chouette depuis qu'elle l'incluait ! Ce ne serait pas la peur des monstres, réels ou supposés, qui me ferait renoncer à elle.

Je ne l'avais pas perdue. Zoé était toujours avec moi, saine et sauve, prête pour de nouvelles aventures.

Et en fin de compte, c'était ce qui comptait vraiment.

# À NOUVEAU ENSEMBLE

Les trois jours suivants, on n'est pas allées à l'école.

Il avait énormément neigé en fin de compte ; tout est resté blanc un bon moment et j'en ai profité autant que possible. Zoé était hors de portée, je n'osais même pas l'appeler. L'accord que j'avais conclu avec Catherine me semblait raisonnable, je ne voulais pas le mettre en péril. En revanche, j'ai communiqué avec Luke, qui m'a expliqué la manière dont ça s'était passé.

L'IAPAC était venue récupérer Albina. Luke avait eu un mal fou à convaincre Marina, une agente IAPAC à qui on avait eu affaire lors d'une précédente enquête et qui avait été dépêchée sur place, qu'il avait piégé la sorcière seul, sans aide extérieure.

– Elle savait pour Zoé et toi, a poursuivi Luke.

Mais je lui ai juré que tu n'avais rien à voir avec tout ça. Une très belle fille, soit dit en passant.

J'ai senti une piqûre inconfortable dans mon estomac. J'ai essayé de l'ignorer.

Albina, ou plutôt Adelgarda, était donc désormais en prison, et la vraie Laura libérée et à nouveau chez elle. Tous les journaux évoquaient l'affaire – pas seulement les locaux. Les émissions télé ne parlaient plus que de rites sataniques se tenant dans les Castelli Romani. Connaissant la vérité, les inepties que débitaient les journalistes sur nos forêts et les sorcières me faisaient rire aux éclats. Ils n'y comprenaient vraiment rien.

De toute façon, j'étais sûre qu'il s'agissait un feu de paille. Les médias allaient bientôt passer à autre chose. C'est toujours comme ça avec eux.

Laura, à vrai dire, était très à son aise en interview : elle racontait volontiers ses aventures dans la grotte, avec cette femme folle qui pensait être une sorcière... Ses témoignages remplissaient les infos...

– Je regrette presque de t'avoir demandé de la sauver... m'a dit Andrea la première fois que je l'ai revu.

Puis, il a fait une grimace amusée avant de me considérer avec gravité.

– Merci, Lucia. Laura est une peste, mais c'est ma sœur jumelle. Sans elle, je ne suis pas vraiment moi-même.

J'ai souri.

– Je n'ai fait que mon devoir.

– Tu as quand même été super.

Je l'avoue, je n'étais pas peu fière.

Ah, au cas où vous vous poseriez la question : c'est Luke qui avait appelé Catherine. Il était retourné sur ses pas et avait essayé de me rejoindre quand il avait vu Albina arriver. Il avait alors appelé chez Zoé.

Il avait compris que Catherine était la seule personne susceptible de nous sauver quand je lui avais parlé de Wanda. Il avait compris que Catherine ne pouvait être qu'une sorcière, elle aussi. Il avait même eu l'impression de l'avoir vue avec les pièges à caméra. Il l'avait donc appelée et – ne me demandez pas comment elle a fait –, elle était apparue dans l'instant.

Heureusement, d'ailleurs. Sinon, ça aurait pu très mal se terminer pour Zoé et moi.

En parlant de Zoé : je l'ai revue à la sortie de l'école. Elle se faufilait dans la foule, tête baissée, dissimulée sous la capuche de sa grosse parka verte, le bâton de sa sucette dépassant de sa bouche.

En me voyant, elle m'a saluée d'un signe de tête et m'a rejointe. Puis on est allées manger un kebab ensemble.

– Fin de l'assignation à résidence ?

Elle a fait une grimace.

– Visiblement.

Elle ne me regardait pas.

Si je ne lui posais pas la question moi-même, elle ne me l'avouerait jamais.

– C'est toi qui m'as donné un coup à la tête à la Grotticelle ?

Elle est devenue rouge comme un poivron frit. C'était la première fois que je voyais ça.

– Je ne suis pas en colère contre toi, Zoé, dis-moi juste la vérité.

– Je voulais te protéger, a-t-elle marmonné.

– Donc, tu as tracé le pentacle, attendu qu'Albina arrive et l'a emprisonnée.

Elle a hoché la tête, embarrassée.

– Parce que tu voulais la voir et la capturer, toi.

– Je voulais surtout éviter de te mettre en danger, a-t-elle rétorqué sèchement, me fixant avec des yeux brillants. J'étais sûre que tu serais en sécurité là-bas –, et tu l'étais, d'ailleurs. Je n'ai commis qu'une seule erreur, une erreur stupide que je regrette énormément, je te le jure…

– C'est bon, Zoé ! l'ai-je interrompue. Je comprends.

– Tu comprends ?

J'ai gardé le silence un moment avant de dire :

– Mais il y a une chose qu'il faut retenir de cette affaire.

Elle m'a interrogée du regard, et j'ai poursuivi :

– Désormais, on ne se séparera plus. On a essayé de se tenir l'une l'autre à l'écart – bonjour, le chaos ! C'est ensemble qu'on est fortes.

Elle a souri, et moi aussi.

– Après tout, on s'appelle Zoé & Lu Investigations, a-t-elle ajouté.

– Tout à fait.

On a pouffé de rire.

Décidément, on avait vraiment progressé, ensemble. On était plus fortes qu'avant.

On a pris la direction de chez moi avec l'intention de faire nos devoirs – pour de bon, cette fois. On méritait bien une petite pause de monstres, de sorcières et de fétiches tueurs.

– Tu crois aux sorcières, maintenant, non ? a demandé Zoé.

J'ai réfléchi.

– Non.

Elle s'est figée.

– Mais enfin... Tu les as vues de tes propres yeux !

– Je me l'explique comme ça : on était sous le choc et...

– Moi, toi, Luke et Catherine, on était sous le choc ?!

– Oui, d'accord, laisse-moi finir. Je pense que Catherine, Albina, Wanda et toutes les autres –, elles ont peut-être comme des mutations génétiques.

Zoé m'a regardée, perplexe.

– Comme les X-Men ?

– Mais moins science-fiction.

Elle a gloussé.

– Tu es incorrigible.

– Disons que je représente la partie rationnelle de notre duo.

Elle a secoué la tête en riant, et nous avons repris notre marche.

– Zoé...

– Hmm ?

– Quelle est cette chose que tu voulais savoir d'Albina ?

Un silence pesant est tombé entre nous. Je m'y attendais, évidemment. Mais je ne pouvais pas m'empêcher de lui demander. Je devais comprendre pourquoi les Janares constituaient un danger pour Zoé, et pourquoi elle avait pris tant de risques pour capturer l'une d'entre elles.

– Qu'est-ce qui s'est passé ?

Elle a gardé le silence si longtemps que j'ai cru qu'elle ne me répondrait jamais. Et sans doute n'aurais-je pas insisté. Avec le temps, j'avais compris comment elle fonctionnait, et qu'il était inutile d'essayer de lui faire dire quelque chose contre son gré.

J'en étais presque à penser à autre chose quand elle a dit :

– C'est à cause de mes parents. C'est une Janare qui les a tués. Mais je ne sais pas laquelle.

Elle a accéléré le pas, tandis que je suis restée figée sur place. Elle s'est retournée, et c'était la Zoé habituelle, impassible et pressée.

– Allez, dépêche-toi ! Je veux voir si quelqu'un nous a écrit pour une affaire. Et puis, tu ne voulais pas faire tes devoirs ?

Elle ne reviendrait plus sur le sujet, je le savais. J'ai enfoncé mon visage dans mon écharpe et j'ai tendu la main vers elle.

Quoi qu'il arrive, on serait Zoé et Lu, de Zoé & Lu Investigations !

# L'AUTRICE

Licia Troisi est née en 1980. Son premier livre, elle l'a écrit à l'âge de 7 ans. Il s'agissait d'un recueil de contes de fées. En grandissant, le besoin de raconter des histoires est resté… et, en 2004, elle a publié son premier roman. Son œuvre la plus connue est une série de fantasy, *Chroniques du monde émergé*. Elle est aussi l'autrice d'autres sagas fantastiques, comme *La Fille Dragon* ou *Les Royaumes de Nashira*. Elle a même écrit un livre d'astronomie ! En effet, Licia Troisi est aussi astronome… Comme Lucia, l'héroïne des *Enquêtes de l'impossible*, elle adore les sciences et la BD !

## L'ILLUSTRATRICE

Ilaria Palleschi est née en 1989 et dessine depuis toujours. Sa toute première BD, *Nina, quel malaise !*, est d'ailleurs parue en 2018 en Italie. Pour ce livre, elle a imaginé l'histoire, l'a écrite et dessinée. Car Ilaria écrit aussi beaucoup. Elle aime inventer des histoires, et travaille sur une deuxième BD. *Les Enquêtes de l'impossible* est la première série de romans pour la jeunesse qu'elle a illustrée.

# LA TRADUCTRICE

Née en 1976, Isabelle Enderlein est diplômée de Sciences Po Paris et titulaire d'un doctorat en littérature comparée de l'université Humboldt de Berlin. Elle vit et travaille depuis plus de vingt ans en Allemagne, mais elle a également passé du temps aux États-Unis et en Italie. Lectrice et traductrice depuis l'allemand et l'italien, elle travaille beaucoup en littérature jeunesse, son domaine de prédilection. Depuis 2011, elle est membre du jury du Prix franco-allemand pour la littérature jeunesse.

# DE LA MÊME SÉRIE

# EUROPE CRÉATIVE

Par le programme Europe Créative, l'Union Européenne renforce son action en faveur de la culture et de la création. Le volet MÉDIA d'Europe Créative concerne les secteurs du cinéma et de l'audiovisuel. Son volet CULTURE veut soutenir, de manière privilégiée et par la coopération, la création d'œuvres européennes, le renforcement de la dimension économique, sociale et extérieure des secteurs culturels et créatifs européens. Il décerne des prix et développe des actions ciblées. Europe Créative accorde ses subsides par des appels à projets, qui couvrent tous les secteurs culturels, y compris le livre. Contenus et procédures de sélection sont gérés par l'EACEA, l'Agence Exécutive Education Culture Audiovisuel.
Le programme CULTURE accorde un soutien sectoriel au livre et à l'édition, aux artistes et aux professionnels.
La publication de cet ouvrage a été cofinancée par le programme CULTURE de l'EACEA.

PAPIER À BASE DE FIBRES CERTIFIÉES

**RAGEOT** s'engage pour l'environnement en réduisant l'empreinte carbone de ses livres. Celle de cet exemplaire est de :
450 g éq. $CO_2$
Rendez-vous sur www.rageot-durable.fr

Achevé d'imprimer en France en septembre 2023 sur les presses de Normandie Roto Impression (Alençon)
Couverture imprimée chez Boutaux (Le Theil-sur-Huisne)
Dépôt légal : octobre 2023
N° d'édition : 8165-01
N° d'impression : 2303366